Gert Sudholt

IN HAFT

Landsberg 1993
Persönliches und politisches Tagebuch
eines deutschen Verlegers

Meiner Familie und den Freunden,
die sich in schwerer Zeit bewährt haben

GERT SUDHOLT

IN HAFT

Landsberg 1993
Persönliches und politisches Tagebuch eines deutschen Verlegers

DRUFFEL-VERLAG
LEONI AM STARNBERGER SEE

ISBN 3 8061 1091 3

Satz: Druffel-Verlag
Gesamtherstellung: Druckhaus Kieser, Neusäß

INHALT

Vorwort (7)

Das Tagebuch
14. Juli 1993 - 1. Oktober 1993 (11)

Die Dokumente (194-223)
1. Das Urteil vom 28. Juli 1992 (Auszüge) (194-200)
2. Haftzeitmitteilung für Gefangene (207)
3. Beschluß vom 28. Juli 1993 (208-211)
4. Sofortige Beschwerde vom 12. 8. 1993 (212-214)
5. Beschluß des OLG München 28. 9. 1993 (215-220)
6. Beschluß des LG München II vom 1. 10. 1993 (221/222)
7. Entlassungsschein vom 1. 10. 1993 (223)

VORWORT

In einem berühmten Hotel zu speisen, zu tagen oder gar Quartier zu nehmen ist stets ein prickelndes Abenteuer. Vielleicht im nämlichen Bett sich zu räkeln, in dem sich schon bedeutende Künstler, Politiker oder Wissenschaftler ausgestreckt haben, das ist schon etwas Besonderes. In ein berühmtes Gefängnis zu kommen, ist weit weniger amüsant, schlägt aber auch auf den Magen.

So ging es mir am 14. Juli 1993, als ich im Zusammenhang mit einem Pressedelikt wegen Beleidigung, Volksverhetzung u.a., aus heiterem Himmel verhaftet wurde. Das Urteil vom Sommer 1992, das schließlich zu meiner Inhaftierung führte, die Beschwerden und Bemühungen zu meiner vorzeitigen Freilassung sind im Dokumentenanhang im Faksimile abgedruckt, um jeden Zweifel für den politischen Hintergrund meines unfreiwilligen Aufenthaltes in Landsberg zu beseitigen.

Als ich in die Festung verbracht wurde, überkam mich ein eigenartiges Gefühl. Die Erinnerung an die einstmals prominenten Insassen wie Graf Arco, Adolf Hitler, Alfried Krupp, Jochen Peiper oder Oswald Pohl blitzte in mir auf. Und doch verspürte ich keinerlei Neigung, diese Gemäuer von innen zu sehen. Es half nichts. Auch wenn der Aufenthalt auf zehn Wochen beschränkt blieb, so ist und bleibt diese Inhaftierung ein bemerkenswerter Einschnitt. Sie war schockierend, demütigend, erniedrigend und auch deprimierend. Gleichzeitig aber regte sich der Wille zum Widerstand.

Schon in der ersten Nacht in der JVA Landsberg entschloß ich mich, ab sofort tägliche Notizen zu machen, um mich von der ersten Stunde meines dortigen Aufenthaltes an sinnvoll zu beschäftigen. Der ständige Verkehr mit anderen Mitinsassen, zahlreiche Gespräche, gemeinsame Hofgänge aber auch lange, einsame Abende bestärkten mich in diesem Entschluß. Manches erscheint nur für den Augenblick geschrieben, manches wirkt hoffentlich über den Tag hinaus.

Ein besonderes Problem stellte sich beim Niederlegen des täglich Erlebten und täglich Durchdachten heraus: Ich hatte keine Möglichkeit, in Nachschlagewerken oder entsprechender Literatur gegenzulesen oder die Richtigkeit der gemachten Angaben zu überprüfen. So mußte ich mich ausschließlich auf mein Gedächtnis verlassen und in manchen »verborgenen Schubladen« meines Kopfes kramen, um Vergessenes zu reaktivieren. Nach meiner Freilassung habe ich die wesentlichen Daten im nachhinein überprüft und einige notwendige Korrekturen gemacht.

Manche Notizen mögen vor dem Hintergrund der sich verändernden Tagesereignisse überholt erscheinen; ich habe mich jedoch bemüht, auch und gerade Grundsätzliches mit in diese Tagebuchaufzeichnungen einzuführen, damit diese nicht Opfer der zwangsläufigen Aktualität werden.

Persönliches, Kritik am Strafvollzug, Politisches und Historisches sind jene Hauptthemen, um die meine täglichen Überlegungen kreisten.

Der persönliche Bereich tritt nach den Aufregungen der ersten Tage bewußt in den Hintergrund. Er ist dann nur gelegentlich von allgemeinem Interesse.

Meine Kritik am Strafvollzug könnte bewußt dezidierter sein. Wegen des relativ kurzen Einblicks in die doch alarmierenden Verhältnisse können meine Bemerkungen jedoch nur als Anregungen verstanden werden. Hier nachzufassen, ist Aufgabe berufener Persönlichkeiten, die aufgrund ihrer längeren Kenntnisse und Erfahrungen, dazu gehört auch juristisches Wissen, die Finger besser in offene Wunden legen können. Da der Stafvollzug in Deutschland nach wie vor zu den Grauzonen und Tabuthemen zählt, bleibt abzuwarten, ob sich Fürsprecher für Jene finden, die unsere »Gesellschaft« bzw. unsere Justiz in den Orkus geworfen hat.

Meine Anmerkungen zu Geschichte, Zeitgeschehen und Politik sollen nicht nur als Zeitkritik, sondern vielmehr als Ermunterung zu aktivem Handeln verstanden werden. Politik ist stets eine Machtfrage. Gegen den Strom zu schwimmen, erfordert Kraft und Mut. Wer das gegenwärtige System und die gegenwärtige Parteienlandschaft ins Visier nimmt, wer versucht Geschichtsumbrüche in größere Abläufe einzuordnen, läuft Gefahr ins Abseits zu geraten oder sich gar im Dickicht des Paragraphendschungels zu verstricken. Standpunkte deutlich zu machen, Gegenpositionen zu beziehen und Wegmarken zu setzen, wollte ich mit diesem Tagebuch versuchen.

Den Leser bitte ich schließlich um Verständnis, daß ich aus Gründen der Diskretion keine Namen genannt habe von Personen, denen ich in der Justizvollzugsanstalt Landsberg begegnet bin, auch im Interesse der Betroffenen. Diese selbst werden sich in meinen Zeilen hoffentlich wiedererkennen können und wiedererkennen wollen.

Und das genügt, denn die Namen und Personen treten vor den Ereignissen und Erlebnissen zurück.

Schließlich wünsche und hoffe ich, daß dieses Tagebuch aus der Gefängniszelle auf breiten Widerhall stoßen wird, und damit auch dazu beiträgt, daß die vor fast einem halben Jahrhundert in Landsberg 279 Hingerichteten nicht vergessen werden. Möge ihre letzte Ruhestätte, der Friedhof von Spötting, als eine würdige Gedenkstätte gegen Siegerwillkür und Rachejustiz erhalten bleiben und häufiger als bislang besucht werden.

Feldafing, 2. Oktober 1993

14. Juli 1993

Die sich überstürzenden Ereignisse des heutigen Tages sowie die damit verbundenen Veränderungen im persönlichen wie im beruflichen Bereich, die zwangsweise sich anbahnende Isolierung von den Dingen des alltäglichen Lebens, lassen es ratsam erscheinen, laufend Notizen zu machen, die im zwanglosen Ablauf der Erlebnisse, Erfahrungen und Reflexionen eines politischen Gefangenen in unserer heutigen Zeit, dem »freiesten Staat der deutschen Geschichte« enthalten sollen. Ob diese Aufzeichnungen einmal lediglich zur persönlichen Erinnerung oder zur Veröffentlichung gedacht sind, bleibt abzuwarten.

Nachdem gestern zwei Zivilbeamte der Starnberger Polizeidienststelle nach mir fragten und meine Frau baten, ich möge doch im Laufe des Tages mal vorbeikommen, da man mir etwas zeigen müsse, nahm ich auf der täglichen Fahrt ins Büro den Umweg über die Polizeistation. Dort wurde ich ohne Angabe von Gründen auf der Stelle verhaftet, konnte gerade noch meinen Bruder anrufen, und wurde anschließend in die Arrestantenzelle gesperrt. Ein freundlicher Beamter gab mir noch die neueste Ausgabe einer Münchener Tageszeitung mit. Etwa nach eine Stunde drehte sich erneut der Schlüssel und ich konnte mit meinem Bruder zunächst die wichtigsten geschäftlichen Fragen erörtern, Vollmachten geben und das Nötigste veranlassen. Wenig später traf auch meine Frau ein, die, äußerst gefaßt, die Ereignisse wahrnahm und versicherte, man werde alles tun, um mich so schnell wie möglich herauszuholen. Ich soll also für sechs Monate in das Gefängnis der JVA Landsberg verbracht werden, um die im vergangenen Jahr verhängte Strafe abzusitzen. Eine Stunde später packten mich zwei stämmige Polizisten, mit Handschellen ausgestattet und mit Pistolen bewaffnet, in einen Pkw und fuhren mich Richtung Landsberg. Wie oft bin ich diese Strecke in den vergangenen 18 Jahren in die Druckerei gefahren, um Manuskripte abzugeben, Korrekturen zu lesen, die DEUTSCHEN MONATSHEFTE zu umbrechen oder Bücher zu holen. Eines der wichtigsten Titel handelt in Landsberg und wurde auch dort gedruckt: Hermann Gieslers »Ein anderer Hitler«, das seit seinem Erscheinen in vielen tausend Exemplaren seinen Weg gemacht hat. Ich erinnere mich sehr gut an die Passagen mit Prof. Brandt und Six. Prof. Giesler war selbst in Landsberg lange eingesperrt und schreibt in seinem Buch darüber ebenso eindringlich wie eindrucksvoll. Seine Betrachtungen werde ich in mancher Beziehung gewiß nachvollziehen können.

In den späten Vormittagsstunden jenes kalten Julitages erreichten wir die berühmt-berüchtigte Festung Landsberg. Die Polizeibeamten liefern mich mit meinem Aktenköfferchen, in dem noch die Arbeit für den Büroalltag sorgfältig geordnet liegt, an der Torwache ab und ich betrete mit äußerst zwiespältigen Gefühlen jenes düstere Gebäude, in dessen Mauern bedeutende Persönlichkeiten der Geschichte dieses Jahrhunderts einsaßen, in der tapfere Männer nach ihrer Verurteilung durch die amerikanische Siegerjustiz den letzten Gang zum US-amerikanischen Galgen gehen mußten und diesen Weg mit Anstand und Würde hinter sich brachten. Es waren auch viele Bekannte aus dem Kreis meines 1972 verstorbenen Stiefvaters, Helmut Sündermann, die hier wertvolle Jahre ihres Lebens verbringen mußten, nur weil sie Deutschland gedient hatten.

Nach der ersten Gefängniskost werde ich unter strenger Bewachung zu einem ersten Hofgang geführt. Es ist der letzte »Spaziergang« in meinen Privatkleidern. Wenig später werden mir Geldbeutel, Photos, alle Dokumente und Ausweise sowie mein Schlüsselbund abgenommen. Ich brauche sie nicht mehr. Ich bin jetzt die Nummer 368 /93-2. Die Persönlichkeit sollte am Schalter der Kammer abgegeben werden. Meine Identätit und meine Selbstachtung können sie mir freilich nicht nehmen.

Kurz danach werde ich in den halbdunklen Keller, den »Zugang« verbracht. Die Tür wird aufgestoßen, eine schmutzig-feuchtkalte Zelle erwartet mich. Ich hatte die »Zugangskleidung« erhalten: eine harte, weiße Leinenhose, dazu eine ebenso unpassende Jacke, ein Paar Pantoffeln, schwarze Schuhe, zwei Hemden, Unterwäsche, einen Brotbehälter, einen Plastikwasserkrug, Besteck aus Stahlblech, Zahnpasta, eine Zahnbürste, stumpfe Rasierklingen, Rasierpinsel und Rasierseife, zwei Taschentücher sowie ein Stück Kernseife. Die anderen Zellengenossen, die ich langsam wahrnehme, machen einen nicht allzu vertrauenserweckenden Eindruck: Ein Deutscher, der schon mehrfach gegen das Betäubungsmittelgesetz verstoßen hat und ein kleiner Italiener, der kein Wort deutsch spricht, aber umso größere Erfahrung mit Rauschgifthandel zu haben scheint. Zum Abendbrot hat man für mich immerhin noch was aufgehoben: kalter Malventee, trockenes Brot und eine dürftige Salatgurke.

Mit sehr unguten Gefühlen baue ich mir mein Bett, gewöhne mich allmählich an die Anstaltskleidung, haue mich bald »in die Falle«, überwinde manch inneren Schweinehund, lasse den bislang negativsten Tag meiner fünfzig Jahre vorbeiziehen und beschließe durchzuhalten, komme was wolle und Optimismus zu verbreiten, wann immer möglich. Den anderen Hoffnung zu vermitteln, stärkt den eigenen Lebenswillen, ist meine Meinung, und diese will ich konsequent durchhalten.

15. Juli 1993

Eine Art italienischer Espresso, dazu trockenes Brot als Frühstück, dann die Rasur mit jener elend stumpfen Rasierklinge und der Schub des Ausländers nach Kempten und die Verlegung des dritten Zellengenossen sind die ersten Ereignisse. Dann bin ich erstmalig für mich allein und kann die gestern sich überstürzenden Eindrücke ordnen und wieder zu einer gewissen inneren Ruhe finden. Telephonat mit dem Anwalt, der ebenso von der Verhaftung betroffen ist wie ich. Dann wird ein neuer Zellengenosse hereingebracht. Er ist alter »Landsberger«, war hier zunächst viele Monate in Untersuchungshaft und gibt mir wertvolle Informationen. Vor allem hat er einige Körperpflegemittel, wovon er mir abgibt, hat Kaffee und ist ein angenehmer, ruhiger Partner. Dank zahlreicher Führungen durch die weitläufigen Gänge wird allmählich auch der gesamte Gebäudekomplex transparenter, wenn auch nicht freundlicher. Der historische Bezug ist vielfach gegenwärtig. Die Aussagen sind noch widersprüchlich. Wir sind mitten in einem frühabendlichen Gespräch als ein dritter Mann eingeliefert wird. Er ist ein stiller Zellengenosse, der trotz seiner Jugend, er ist knapp dreißig Jahre alt - schon erhebliches auf dem Buckel hat. Zehn Jahre Jugendhaft und jetzt nochmals vier Jahre.

Wir diskutieren über das Problem Freiheitsentzug und Arbeitspflicht in den Haftanstalten. Ich erfahre viel Neues. Bei einem Stundenlohn zwischen DM -,95 und DM 1,36 sollen Gefängnisverwaltung, die bayerische Justiz und der Freistaat Bayern allein aus dem »Arbeitslager« Landsberg jährlich einige Millionen Mark verrechnen. Das Unternehmen Justizvollzugsanstalt lohnt sich, freilich auf Kosten der Gefangenen. Man sollte die Stundenlöhne, die man den Gefangenen zubilligt, kräftig erhöhen. So hätten dann diese bei ihrer Entlassung nicht nur ein paar hundert Mark im Rücken, sondern ein vernünftiges Überbrückungsgeld von einigen tausend Mark. Sie könnten sich dann die ersten Monate über Wasser halten und wieder eine normale Existenz aufbauen. Bei den meisten Gefangenen ist der bisherige Lebensrahmen kaputt. Sie werden wieder rückfällig, weil sie ohne Mittel zum Leben sind. Mir leuchtet diese Argumentation durchaus ein. Daß der gegenwärtige Strafvollzug in Bayern völlig ungenügend ist, wird aus einer Zahl deutlich: gut die Hälfte aller Täter werden erneut straffällig und rücken schon oft nach wenigen Monaten wieder ins Gefängnis ein. Zweifellos eine Bankrotterklärung für den Strafvollzug, eine unnötige Vergeudung von Steuermitteln.

Beim Hofgang, speziell für die »Neuzugänge« spricht mich einer der Spaziergänger an. Er hatte mich vor Jahren mal nach einer Veranstaltung der Republikaner in Bad Tölz im Gespräch mit Franz Schönhuber gesehen. Damals war ich mit einem Freund aus meinem Wohnort zu dieser Kundgebung gefahren und wir hatten anschließend mit dem Bundesvorsitzenden der Republikaner in einem kleinen Lokal noch ein Glas Bier getrunken.

Mit dem Kollegen komme ich ins Politisieren. Er war im Ortsvorstand seines Wohnortes gewesen und wir haben einige gemeinsame Bekannte. Seine Analyse aus der Sicht der Basis veranlaßt zum Nachdenken: man hat gute

Leute um Franz Schönhuber bewußt auseinanderdividiert. Integrieren statt intrigieren, hätte jedoch die Devise lauten müssen. Statt nach rückwärts zu blicken und sich in zeitgeschichtlichen Diskussionen verstricken zu lassen, wäre es richtiger gewesen sich programmatisch zu entfalten. Man kann nur hoffen, daß 1994 die Weichen endlich richtig gestellt werden. Selten war die Gunst der Stunde so deutlich wie in diesem ausgehenden 20. Jahrhundert. Bedauerlich ist, daß das konservative Lager aus der anfänglichen Wiedervereinigungseuphorie keinen Nutzen ziehen konnte obwohl es als einzige politische Kraft immer am Ziel der Vereinigung zwischen BRD und DDR festhielt, fuhren die Christdemokraten jedoch die Ernte in die Scheuer.

Mich erinnern die Ausführungen meines jungen Gesprächspartners an Aufstieg und Fall der NPD in den Jahren 1965-1969, als diese Partei unter Adolf von Thadden, den Erfolg zum Greifen nahe, letztendlich wie ein Komet im All verglühte. Mit 4,9 % bei der Bundestagswahl 1969 und einem Bundeskanzler Willy Brandt wäre die NPD bei der darauffolgenden Wahl mit an Sicherheit grenzender Wahrscheinlichkeit in den Bundestag gekommen. Aber die Besserwisser und Alleskönner verstanden es, besonnene Leute zu diskreditieren und damit die aufkeimende Opposition gegen das etablierte Parteienkartell zu zerstören. Welche Seilschaften dieses Mal mitmischen, werden wir erst dann erfahren, wenn es wieder einmal zu spät ist.

16. Juli 1993

Ein völlig neues Erlebnis für mich. Erstmals wird mir Rauschgift zum »Schnuppern« angeboten. Ich behalte lieber meine wachen Sinne. Aber man sagt mir »Du kannst hier alles haben, was Du willst und was verboten ist: Bier, Wein und Whisky, Marihuana, Kokain und Pornographie, einschließlich Strichjungen«. Lediglich weibliche Reize in natura werden nicht verschachert oder eingetauscht gegen Kaffee (Bomben) oder Tabak (Koffer). Wie das alles möglich ist oder möglich sein soll, entzieht sich meiner Kenntnis. Zwar darf man aus Angst vor Rauschgift nicht einmal eigene Seife, Zahnpasta oder Körperpflege in das Gefängnis nehmen, geschweige denn sich aus der privaten Bücherei Bücher schicken lassen, aber hier wird eifrig »gegiftelt«, wie der Fachausdruck lautet. Auch in den Absätzen von Sportschuhen könnte man »Stoff« hineinschmuggeln, darum muß man diese hier kaufen - wer da wohl verdient?, aber daß auf den Gängen oder in den Duschen, beim Hofgang das Teufelszeug en gros oder en detail verscherbelt und eingetauscht wird, stört ganz offensichtlich weder die Beamten, die im Knast-Jargon »Wachteln« genannt werden noch die Anstaltsleitung, die von diesen Vorgängen gewiß Bescheid wissen sollte. Das Geschäft soll im übrigen fest in den Händen einer kleinen Minderheit sein.

17. Juli 1993

Für die »Zugänge«, also jene Gefangenen, die im Laufe einer Woche aus den verschiedenen Strafanstalten per Schub eintreffen oder von den Polizeidienststellen der näheren und weiteren Umgebung angeliefert werden oder jene, die sich selbst stellen, ist die erste Woche vor allem mit dem Ausfüllen von Fragebögen, einer Stunde Hofgang und jeden 2. Tag mit Duschen ausgefüllt. Und dennoch dringt man allmählich in die Geheimnisse einer Vollzugsanstalt ein. Es ist schon richtig, wie einer der Wachbeamten einmal sagte: »Hinter der Gittertür sind Sie entmündigt«. Alles läuft nur über Anträge. Wird diesem zugestimmt oder werden sie abgelehnt, dem Antragsteller wird die Entscheidung der Verwaltung durch einen Beamten vorgelesen und anschließend wird das mehr oder weniger wichtige Dokument zu den Personalakten genommen. Der Gefangene erhält nichts; so kann er sich auch nur unter Schwierigkeiten beschweren. Darüberhinaus hat der »Zugang« bis zum Vorstellungsgespräch keinen Kontakt mit den anderen Strafgefangenen. Auf die Einführung in das normale Leben eines Gefangenen wird der Neuankömmling durch eine medizinische Untersuchung, eine Belehrung zur Hausordnung und schließlich über das Vorstellungsgespräch vorbereitet.

Immerhin können die »Zugänge« auch schon nach wenigen Stunden Besuche empfangen, was ich sehr positiv finde, so wird man durch mehrere Kontrollschleusen in das Besucherzimmer geführt und beim ersten Monatsbesuch kann der Gefangene entweder eine Tafel Schokolade und eine Schachtel Zigaretten mit in die Zelle nehmen, und sich während des Besuches an einem oder mehreren »Spezis«, einer originellen Mischung aus Cola und Orangenlimonade aus der Flasche laben. Beim zweiten Monatsbesuch, darf er noch im Besucherraum Schokolade verzehren und »Spezi« genießen, aber nichts mehr mitnehmen. Daß die Gefangenen, wenn sie in den Gefängnistrakt zurückgeführt werden, nicht nur abgestastet werden, sondern auch je nach Lust und Laune des diensthabenden Beamten auch einer hochnotpeinlichen Leibesvisitation unterzogen werden können, ist angesichts des »Schmuggelplatzes« Landsberg durchaus verständlich, ja geboten. Die Zimmergenossen sind nach einem Familienbesuch - immerhin bis zu vier Stunden im Monat in zwei Raten - in Hochstimmung, wenige Stunden später aber verfallen sie leicht in eine bemerkenswerte Depression oder werden aggressiv. Als »Stubenältester« versuche ich, die anderen Teilnehmer, aber auch die »Spaziergänger«, die bei ihren Runden teilweise in einem fürchterlichen psychischen Zustand sind, aufzurichten und ihnen Mut zu machen. Gelegentlich hilft es; es hilft auch mir, so gerate ich nicht in eine miesepetrige geistige Strömung.

Nach meinem ersten Familienbesuch begreife ich auch die Haltung von Rudolf Heß in den Jahren 1946-1966 wesentlich besser. In diesen 20 Jahren hat der zu lebenslanger Haft verurteilte einstige Stellvertreter Hitlers in der Partei alle Besuche abgelehnt; sie hätten seine Würde verletzen können. Er wollte wohl nicht seinen persönlichen Empfindungen freien Lauf lassen und damit seinen

Schergen zeigen, daß auch seine Nerven blank liegen konnten. Daß das Spandauer Vier-Mächte-Gefängnis nach seinem umstrittenen Tod - nicht zu Unrecht wird das Wort »Mord« in den Mund genommen - nach dem 16. August 1987, dem Todestag von Heß ganz schnell abgerissen und dem Erdboden gleichgemacht wurde, verdient erwähnt zu werden. So konnten die des Mordes verdächtigen Briten ein Beweisstück mehr vernichten.

18. Juli 1993

Zu einem Messebesuch in der katholischen Kirche wird eingeladen. für uns »Zugänge« eine willkommene Abwechslung, um aus dem düsteren, feuchten Kellerräumen herauszukommen und wieder bessere Luft zu atmen. Gut drei Dutzend Gefangene versammeln sich in der großen, wohl um die Jahrhundertwende erbauten Kirche, die nicht sehr ansprechend ist, ausgebaut wie ein Hörsaal in der Universität, die jedoch auch viele griechisch-orthodoxe Pseudostilelemente aufweist. Es ist gut, freie Luft zu atmen, sich dem Schein hinzugeben, in Freiheit zu sein, zumal die Kirche einer der wenigen Räume ist, deren Fenster nicht vergittert sind. Für einen Großteil der Besucher ist der Hauptgrund für den Kirchgang nicht die Hinwendung in den Schoß der römisch-kath. Kirche. Schon auf dem Gang dorthin erfahre ich, man begebe sich besonders gerne in diese heiligen Hallen, um kleine Geschäfte zu machen, die sich dem argwöhnischen Blick der Wachbeamten entziehen. Ich bin sicher, daß der liebe Gott eher als die Vollstrecker der Justiz ein, wenn nicht gar beide Augen zurdrücken wird. In seiner Predigt setzt sich der Anstaltsgeistliche - er nimmt in der Hierarchie des Hauses eine herausgehobene Stellung ein -, mit der Frage der Schuld auseinander. Er wird damit wohl auf wenig Widerhall stoßen. Bislang bin ich eigentlich nur mit Menschen in der JVA Landsberg zusammengetroffen, die völlig unschuldig sind, oder sich zumindest unschuldig fühlen. Ob die Göttin »Justitia« wirklich unabhängig, wirklich vorurteilsfrei ist, sei dahingestellt.

Auch in meinem persönlichen Erfahrungsschatz ist der Glaube an das Recht erheblich erschüttert worden. Stellen sich die Richter, die »im Namen des Volkes« Recht sprechen sollen, vor einer Verurteilung wirklich die Frage, ob sie bei dem zu Verurteilenden nicht mehr zerstören als erhalten? Ist es nicht wesentlicher, Bindungen zu Freundeskreis und Berufswelt, zu Familien und Angehörigen zu erhalten als diese Verknüpfungen zu unterbrechen? Ist eigentlich der angeblich so moderne Strafvollzug - mit wenigen Ausnahmen - nicht vielleicht doch entsetzlich veraltet? Ist es wirklich hilfreich, Schuldige hinter Schloß und Riegel zu stecken um die Gesellschaft vor ihnen zu schützen? Werden nicht in den Gefängnissen die Täter von morgen und übermorgen nicht zuletzt durch die Anstalten herangezüchtet? Wer »einmal aus dem Blechnapf fraß«, hat es - so wird mir berichtet - unheimlich schwer wieder in den normalen Lebensrhythmus hineinzukommen.

19. Juli 1993

»Die Woche fängt ja gut an«, sagte einst der bayerische Matthias Kreissl, als ihm zu Augsburg anno 1902 das Todesurteil verlesen wurde. Hier steht anderes zu erwarten. Eine Belehrungsstunde für die Zugänge, die ausführlich über die Pflichten des Gefangenen informiert sowie ein Kurzvortrag des Vorsitzenden des Insassenrates, der sich energisch für seine Mitgefangenen einzusetzen scheint. Sein Dialekt verrät Tiroler Herkunft. Wenig später die Vorstellung beim Arzt, Untersuchung und Entscheidung über die Arbeitsfähigkeit. Es ist wenig bekannt, daß Freiheitsentzug mit Arbeitspflicht verkoppelt ist. So sind die Gefängnisse schlicht Arbeitslager. Es ist gewiß richtig, den Gefangenen arbeiten zu lassen in vielfältiger Form; dann sollte aber auch die Entlohnung in gewisser Hinsicht den Zwangsläufigkeiten der Wirtschaft entsprechen. Bei einem Tagessatz zwischen sieben und acht Mark, den Abzügen für Überbrückungsgeld u.ä. bleiben dem Gefangenen monatlich im Durchschnitt DM 85,- bis DM 90,-, um einmal im Monat Einkäufe zu tätigen. Der Kaufladen wird von einer auswärtigen Firma unterhalten. Das Angebot ist breit gefächert. Schlager sind natürlich Tabakwaren zum Selbstdrehen und löslicher Pulverkaffee. Das Preisniveau dürfte oberhalb dem Durchschnitt bundesdeutscher Supermärkte liegen, vor allem im Bereich der gängigen Artikel scheint man kräftig zuzulangen. So muß halt der schlecht bezahlte Gefangene seine wenigen im Schweiße seines Angesichts verdienten Kröten auf die Theke blättern, bzw. die Beträge zum Abbuchen quittieren. Das Geld wird dann über die Zahlstelle an den Kaufmann ausbezahlt. Irgendwie beschleicht mich auf dem Rückweg zu unserer vorläufigen Kellerzelle ein ungutes Gefühl. Wäre es nicht sinnvoller den Einkauf in die Selbstverwaltung der Gefangenen zu legen? Das wäre für viele dafür Ausgebildete eine sinnvolle Beschäftigung. Bei einem Jahresumsatz von etwa 800.000,- DM könnte das erwirtschaftete Geld dann den Gefangenen wieder zu Gute kommen, sei es für kulturelle Veranstaltungen, zur Verbesserung der Sportstätten oder zum Ausbau der Bibliothek, die derzeit über einen kümmerlichen Jahresetat von etwa DM 4.000 verfügen soll. Davon kann man gerade mal 100 Bücher im Jahr anschaffen. Ein weiteres käme hinzu: Bei einer Überstellung in die Selbstverwaltung könnte der Laden öfter offen gehalten werden. Dies würde den Schwarzhandel mit Kaffee und Tabak, die stets in den letzten zehn Tagen zu Wucherpreisen gehandelt werden, schlagartig unterbinden.

Nicht nur meine drei Zellengenossen sind froh, daß wenigstens einer etwas einkaufen konnte und somit wieder für alle wenigstens wieder Kaffee und Tee da ist, auch ich selbst atme auf, daß ich wieder über vernünftige Rasiercreme, Klingen, Körperpflegeartikel und ein ordentliches Stück Seife verfüge. Allein der Gedanke sich wieder ordentlich mit Waschlappen und Seife unter die Dusche zu stellen, stimmt versöhnlich. Es ist wert festgehalten zu werden, wie schnell sich der Mensch in seinen Wünschen und Wollen auf die notwendigsten Bedürfnisse reduziert. Meine Gedanken schweifen natürlich in diesem Augenblick zu den Millionen Kriegsgefangenen, vor allem in der Sowjetunion, die über eine viel längere Zeit weder warmes Wasser noch Seife hatten. Da geht es uns dagegen richtig gut. Das stimmt optimistisch.

20. Juli 1993

Unsere Zelle erhielt gestern spät abends noch unerwarteten Besuch. Ein knapp 60jähriger Niederbayer wurde hereinverlegt. Von Beruf Landschaftsgestalter, Holzschnitzer und auch sonst ein schlichtes Gemüt, hatte er vergessen eine Rechnung in Höhe von DM 1.575,- zu bezahlen. Dann zahlte er nach mehrmaliger Aufforderung und eindringlicher Mahnung doch noch. Gleichzeitig aber erhielt er von der Staatsanwaltschaft einen Strafbefehl in Höhe von 1.800,- DM. Er verwechselte die Dinge und Beträge, brauchte immerhin zwei Monate um die Beschwerde zu formulieren und wurde heute bei Weilheim verhaftet und hierher gebracht. Wir beruhigten ihn zunächst einmal, gaben ihm von dem wieder reichlich vorhandenen Kaffee und Brot, dann bekam er von Zellengenossen ausreichend Zigaretten. Er berichtete über noch erhebliche Außenstände bei einigen Kunden, die ihm fest zugesagt hätten, schnell zu zahlen. Ich schlage ihm vor, er solle doch morgen über den Sozialarbeiter diese Kunden anrufen und sie bitten, sofort mit Fax das Geld an die entsprechende Justizkasse zu zahlen, dann habe er große Chancen, ganz schnell freizukommen. So geschah es denn auch. Heute mittag wurde der »Sepp«, wie er sich nicht ohne Stolz selbst vorstellte, auf freien Fuß gesetzt. Vorher erzählte er uns noch ungefragt aber umso umfänglicher und bemerkenswert ungeniert über sein Privatleben, das einen Volkstheaterschreiber zu einer burlesken Komödie ermuntern könnte. Sein wenige Stunden später eintreffender Nachfolger, ein angenehmer jüngerer Mann westdeutscher Herkunft, hatte den »Sepp« noch bei der Wirtin in der Kneipe um die Ecke gesehen, wo er anscheinend unmittelbar nach seiner Entlassung sofort zu tafeln und zu zechen begann und gleichzeitig mit der Wirtin anbandeln wollte.

*

Der heutige Tag - und die Nachrichten bestätigen es - wird allenthalben mit der Verehrung und Würdigung der Männer des 20. Juli verbracht, die vor 49 Jahren den ihnen verhaßten Diktator beseitigen wollten. Viele von ihnen hatten ihn freilich in besseren Tagen eilfertig verehrt. Oft wird bei diesen Feiern vergessen, daß nach dem gescheiterten Putsch sich in Berlin die Hitler-Attentäter gegenseitig liquidierten, offenbar um Spuren zu verwischen. Heute werden sie gemeinsam als flammende Beispiele eines »besseren Deutschland« der Jugend als Vorbild dargestellt. Ich bin dankbar, noch Hans W. Hagen und Ernst Otto Remer kennengelernt zu haben; beide sind Kronzeugen jener Ereignisse in Berlin. Nicht nur deshalb habe ich Probleme mit der Heldenverehrung. Wer die Bombenleger des 20. Juli 1944 verherrlicht, braucht sich nicht wundern, wenn sich 1993 erneut Bombenwerfer lautstark um Aufmerksamkeit bemühen. Ein altes Sprichwort lautet: Wer Wind sät, wird Sturm ernten.

*

Ich verbringe diesen Tag aus einem persönlichen Grund besonders nachdenklich und bin mit meinen Gedanken bei meiner Frau. Es jährt sich heute der 20. Hochzeitstag. Mit großer Dankbarkeit, Wehmut aber auch mit Stolz und Liebe gehen meine Erinnerungen zurück in all jene Jahre, die wir gemeinsam verbrachten. Es waren viele schöne Ereignisse; in den letzten Jahren wurden die Sorgen größer. Dennoch hat meine Frau stets zu mir und meiner Arbeit gehalten und mich nach Kräften unterstützt. Ich weiß, daß ich mich auch in dieser Situation voll auf sie verlassen kann und bin überzeugt, daß sie alles tun wird, um mich so rasch als möglich hier herauszuholen. Das gibt wieder Mut und Kraft zum Dennoch und Trotzdem.

21. Juli 1993

Schon früh am Morgen werden die Zellen der »Zugänge« aufgesperrt. Alle neun Delinquenten, die in den vergangenen acht Tagen hier angelandet wurden, werden in den ersten Stock zur »Zugangsvorstellung« geführt.

In einem optisch kalten, unfreundlichen Raum, hinter einer Barriere von Tischen verschanzt, erwartet mich ein Psychologe, der Werkdienstleiter, der einen offenen Eindruck vermittelt und neben mir der Hausdienstleiter, ein optisch klobiger, persönlich kauziger Mann, der aber gute Augen hat und Gerechtigkeitssinn ausstrahlt. Mein Interesse ist gering. Die üblichen Fragen. Ich verweise auf meine vor dem Psychologen liegende Gerichtsakte, daraus könne man ja alles herauslesen. »Wir haben hier keine Lesestunde«, zischelt der Psychologe, »sondern ein Gespräch«. Na gut. Mir fällt Joachim Fernaus »Sprechen wir über Goethe« ein, das Wortspiel würde mich reizen, aber diese feine Ironie würde mit Gewißheit der Herr Psychologe nicht begreifen. Dennoch bin ich als »Politischer« irgendwie ein Paradiesvogel, der einerseits argwöhnisch, aber andererseits auch mit Neugier betrachtet wird. Wichtig ist mir, wie mein Stiefvater gerne einen Größeren zu zitieren pflegte: »Höflich, bis zur letzten Galgensprosse, aber gehängt wird doch«, freilich nur in übertragenem Sinn. Die Prozedur dauert nicht länger als zehn Minuten, die Herren schauten schon mehrfach sorgenvoll auf die Uhr. Ist doch um 9 Uhr Kaffeepause und draußen warten noch sechs Genossen auf diese Zeremonie.

Wir inzwischen schon nicht mehr ganz frischen »Zugänge« werden jetzt erst richtig eingekleidet. Wir müssen die »weißen Westen« abgeben und bekommen die blaugraue Sträflingskleidung.

Ich frozzele »blaugrau liegt im Modetrend«. Farbe, Schnitt und Material erinnern lebhaft an meinen ersten Besuch in Peking im Frühjahr 1981. Damals bevölkerten die Menschen beiderlei Geschlechts in ähnlicher Aufmachung die breiten Straßen der chinesischen Metropole. Dort waren jedoch die Gesichter fröhlich, gezeichnet von einer unbändigen Aufbruchsstimmung und Erwartungshaltung, die erst viele Jahre später (ich glaube 1989 am Platz des Himmlischen Friedens von den starr gewordenen Reformern, die Angst vor der eigenen Courage hatten) blutig niederkartätscht wurde. Bei einem zweiten Besuch in China 1985 waren die Veränderungen überall zu sehen. Private übervolle Märkte, Automobile westlichen Zuschnitts, das entschlossene Bemühen, sich westlich, d.h. amerikanisch zu geben, war geradezu penetrant. Und dennoch lag die Melancholie eines herannahenden Prager Frühlings über dem Land; Ereignisse von denen sicher viele ahnten, daß dem Sprung nach vorn bald wieder einige Schritte rückwärts folgen würden. Ein neuer Wind schien über dem riesigen Land zu wehen. Als wir durch die Schluchten des Jangtse kreuzten, führte ich eines Abends, über die Reeling gebeugt, ein langes Gespräch mit einem chinesischen Professor, der sich den ganzen Tag Notizen machte und meine deutsche Reisegruppe stets im Auge behielt. Er war ein freundlicher, auskunftsbereiter Herr. Er gab an, Wirtschaftsprofessor in Shanghai zu sein. Er verkürzte das Reformprogramm

Dengs auf die Worte: Soviel Marktwirtschaft als nötig, sowenig Marxismus als möglich.« Hatte man noch im Sommer 1968 den Prager Frühling unter den Ketten sowjetischer Panzer zermalmen können, so ergänzte mein chinesischer Gesprächspartner, den Frühling der Völker Asiens wird man gewiß nicht zurückdämmen können. »China ist ein schlafender Riese. Der Riese erwacht wieder. Seien Sie im übrigen versichert allen Völkern und Volksgruppen, auch dem deutschen Volk ist der Wunsch nach Selbstbestimmung und Selbstverwirklichung eigen. Diese Kraft ist stärker als alle Ideologien...« Wir sprachen noch lange in jener Nacht über die großen Fragen, die die Welt von Anbeginn an immer wieder aufs neue bewegen, immer wieder Krisen auslösen und immer von jeder Generation neu gestellt werden. Ich werde den freundlichen Professor aus Shanghai nicht vergessen.

22. Juli 1993

Gerade das Leben des Strafgefangenen lechzt nach Neuigkeiten und Abwechslung. Wir sind jetzt voll in den »offenen Vollzug« integriert und hoffen bald unsere eigenen Zellen zu bekommen. Im Gegensatz zu den benachbarten Gelassen, ist die Stimmung in unserer 4-Mann-Zelle ausgesprochen gut, aber jeder wünscht doch für sich alleine zu sein. Einer ist Installateur und er hat rasch eine Tätigkeit gefunden. Man braucht dringend im Hause einen Fachmann auf diesem Gebiet. Während der Arbeitszeit von 7 - ca. 11 Uhr werden die Gefangenen »Unverschuldet ohne Tätigkeit« eingeschlossen. Mittags dürfen sie mit allen anderen zum Essen einrücken, dann ist etwa eine knappe Stunde Freizeit und von 12 Uhr bis 15 Uhr erneut Einschluß. Um 16 Uhr ist »Stand«, also Überprüfung der Anwesenheit und dann bis kurz vor 18 Uhr Hofgang. Gegen 19.30 Uhr wird an Werktagen die Zellentür mit einem mehr oder weniger höflichen »Gute Nacht« zugesperrt. Am Wochenende um 16.30 Uhr.

Gegen 13 Uhr habe ich Besuch des Verteidigers. Er kann keine wesentlichen Neuigkeiten mitbringen. Nach acht Tagen Gefängnis hatte ich mir mehr gute Nachrichten erwartet, vielleicht war mein Erwartungshorizont auch zu hoch angesetzt. Auch die sonstigen Nachrichten aus dem Verlag sind nicht geeignet, frohe Stimmung zu verbreiten. Es wird gewiß ganz schwer werden; ich hoffe auf jene Freunde, die diesen Namen verdienen.

Anschließend stromere ich durch die Gänge und lasse die Menschen auf mich wirken. Es ist schon atemberaubend. Die vierflügelige Anlage konzentriert sich in der Mitte zu einer Zentrale. Das Leben braust hier wie in einem türkischen Basar, ergänzt durch afrikanisches Tam-Tam. Insgesamt sollen derzeit 98 Nationen vertreten sein, fast soviel wie bei den Vereinten Nationen. Wo sitzen die größeren Verbrecher? frage ich mich. Von den gut 600 Gästen, dürften etwa 400 Ausländer sein. Die deutsche Minderheit spottet über den »türkischen«, »jugoslawischen«, »italienischen« oder »afrikanischen« Flügel, in denen sämtliche Wohlgerüche der Vielvölkerwelt nicht nur zu erahnen sind. Ein Großteil der Delikte, die von diesen ethnischen Gruppen begangen werden, stehen mit Drogenmißbrauch oder Rauschgifthandel in Zusammenhang.

Mit einem älteren, klug blickenden Insassen, den ich schon seit zwei Tagen beobachtet habe, komme ich ins Gespräch. Wir erörtern das Ausländerthema. Es ist ihm unbegreiflich, warum man die in Deutschland Verurteilten in der Bundesrepublik ihre Strafe absitzen läßt, auf Kosten des Steuerzahlers. Man könnte doch durch geeignete Vertragswerke sicherstellen, daß rechtskräftig Verurteilte in jene Länder überstellt werden, deren Staatsbürger sie sind. Dort müßte freilich die Verbüßung der Strafe sichergestellt sein. Allein der Gedanke an orientalische oder afrikanische Gefängnisse könnte manchen veranlassen von dieser oder jener Straftat in Deutschland Abstand zu nehmen. So berichtete mir ein Togolese, der wegen Rauschgifthandels hier einsitzt, kein Wort deutsch spricht und froh ist sich mit jemandem verständigen zu können, der der englischen Sprache mächtig ist, daß sich die Landsberger Strafanstalt hinsichtlich Komfort, Unterbringung und Kost nur geringfügig von den Mittelklassehotels seiner Heimat unterscheide. So gut wie hier, habe er in seinem ganzen Leben noch nicht gewohnt und die Zeit wolle er gerne hier verbringen.

Mir fällt auf, daß die verschiedenen ethnischen Gruppen so gut wie keinen Kontakt miteinander haben. Noch vor wenigen Monaten solle es auch zu heftigen handgreiflichen Auseinandersetzungen zwischen Türken und Kurden gekommen sein.

Beim Gang über den B-O-Flur werde ich auf die abgesägten Eisenstäbe am Fußboden aufmerksam gemacht: Es sind die Reste jener Eisengitter, die die Amerikaner unmittelbar nach dem 27. April 1945 hier einsetzen ließen. Dahinter richteten sie die Todeszellen für die Deutschen ein. Es waren an die dreihundert Personen, die hier in Landsberg hingerichtet wurden.

Als erster unserer Zellengemeinschaft wird der Glatzkopf in eine der Sicherheitszellen verlegt, die sich um die Zentrale konzentrieren. Aus den Gesprächen mit ihm wissen wir, daß er nicht nur einen Fluchtversuch hinter sich hat, sondern auch eine zehnjährige Haftstrafe in Straubing abgesessen haben soll. Es wird gemunkelt, er habe mit einem Rasiermesser im Rahmen eines Raubes jemanden die Kehle durchschnitten. Dies wußte ich nicht, als er mir dieser Tage sein Rasiermesser anbot. Obwohl der jüngste von uns allen, scheint er ein gebrochener Typ zu sein. Ob er sein eigenes Leben noch einmal wird meistern können, wird von uns anderen bezweifelt. Dennoch begleiten ihn unsere guten Wünsche.

23. Juli 1993

Gegen 11 Uhr wird mit dem üblichen Gerassel der Schlüssel in das Zellengeschloß gesteckt und ich werde zum »Rapport« beim zuständigen Abteilungsleiter bestellt. Die Vorgeschichte läuft auf dem Weg durch die kalten Gänge nochmals ab: Im Aktenkoffer, den ich arglos bei meiner Verhaftung mit mir trug, befand sich u.a. die amerikanische Originalausgabe des Buches von Joseph Halow »Innocent at Dachau«, dessen deutsche Rechte wir gekauft haben, sowie die deutsche Übersetzung mit den am 13. Juli gemeinsam gemachten Korrekturen. Man hatte mir auf der Kammer all diese Unterlagen abgenommen und wollte prüfen, ob man mir diese aushändigen dürfe oder nicht. Trotz mehrfacher Bitten und Anträge, hat man meinem Wunsch nicht entsprochen. So mußte ich mich nun beschweren und um ein Gespräch bitten. Der Abteilungsleiter, ein kleiner dunkelhaariger Mann, glatt und gescheitelt, mit knallroter Jacke und Lederkrawatte, hatte sich hinter der mir bereits bekannten Tischbarriere verschanzt. Er steht weder auf, noch reicht er mir die Hand. Darf er nicht oder will er nicht? Auch der mir bereits bekannte Sicherheitsbeamte ist wieder zugegen, und wenig später stößt auch der Anstaltsleiter zu dieser Runde. Wortführer und Beherrscher der Szene ist fraglos der Herr Abteilungsleiter. Gleich zu Beginn des Gesprächs eröffnet er mir, daß er erhebliche Zweifel gehabt habe, ob Landsberg für mich der geeignete Aufenthaltsort sei. Als ich zweideutig erwidere, man spüre beinahe bei jedem Schritt durch das Gebäude historischen Atem, fällt er mir ins Wort und stellte übereifrig fest: »Genau aus diesem Grund ist Landsberg wohl der falsche Platz für Sie.« Ich fuhr fort: »Ich weiß nicht, wen Sie meinen, ich dachte lediglich an meinen Stiefvater, der nach meiner Erinnerung hier 1945 eingesperrt gewesen sein soll.«

Auch wenn ich weiß, daß dies nicht richtig ist, der Herr Regierungsrat ist prompt auf falscher Fährte gewesen. Wir kommen zum eigentlichen Gesprächsthema. Der Abteilungsleiter sieht in dem Manuskript von Joseph Halow erneut die Gefahr einer Straftat, die zu begehen, verhindert werden müsse. Sollte ich auf Übersendung an den Verlag oder auf persönlicher Aushändigung bestehen, müsse er diese Unterlagen zunächst der zuständigen Staatsanwaltschaft übersenden. Ich denke an den Historiker Helmut Kohl, der so gerne vom »freiesten Staat der deutschen Geschichte« spricht, beiße mir auf die Zunge und verschlucke das Wort »Zensur«. Da das Manuskript ohnehin vom Anwalt juristisch geprüft werde, so leite ich meinen Kompromißvorschlag ein, »würde es ja wohl nichts ausmachen, wenn man es zu diesem Zwecke schon jetzt an ihn sende.« Der Herr Abteilungsleiter ist einverstanden. Wir werden in Kürze wieder unser Manuskript haben.

Es geht dann noch um die Frage der Korrektur von gesetzten Manuskripten für die Herbstproduktion und um zusätzliche Besuche. Auch hier bahnt sich irgendwo ein Ausweg an, aber der Herr Abteilungsleiter drängt offensichtlich zum Aufbruch. Abschließend bemerkt er geschäftsmäßig und ein wenig süffisant, er sei mir dankbar, daß ich nicht auf einer inhaltlichen oder ideologischen Auseinandersetzung zu dem Manuskript von Halow bestanden hätte. Ich verabschiede mich mit den Worten, daß Geschichte ideologiefrei sei, was nunmal den Unterschied zwischen der Jurisprudenz und der Geschichtswissenschaft ausmache.

*

Als ich in die Kellerzelle zurückgeführt werde, ahne ich, daß es solche Menschen waren oder gewesen sein können, die in der zusammengebrochenen DDR jene unerbittlichen Vollstreckungsbeamten hätten sein können, von denen soviele SED-Opfer berichten. Dem Unterlegenen die ganze Härte des Gesetzes spüren lassen, jede Spur von Menschlichkeit vergessen, der überkorrekte mittlere Beamte vom glatten Scheitel bis zur schwarzen Schuhsohle. Genau das verkörperte mein Gesprächspartner. Ich frage mich, sehen so die gefürchteten Schreibtischtäter aus, die jedem Regime dienen können?

Wenig später knarrt erneut der Schlüssel des Wachhabenden in der Tür. Wir erhalten Zellen. Alle im Erdgeschoß. Meine Zelle hat die Nummer B-0-53. Ich packe meine wenigen Klamotten wie Bettzeug, Kleidung und die paar Habseligkeiten, die ich mir kaufen konnte in den Plastikkorb und verlasse mit gedämpftem Optimusmus den Kellerraum. Es kann - in jeder Beziehung nur aufwärts gehen. Im Parterre suche ich mir meine Zelle, gehe den B-Gang entlang, überquere die Linie mit den früheren Eisengittern und finde bald meine neuen Räumlichkeiten. Es ist eine ehemalige Todeszelle. Jetzt packt mich doch der Schauer der Geschichte.

24. Juli 1993

Die Gefängnisbibliothek mit etwa 13.000 Titeln verfügt vor allem über längst verblichene Titel. Neues insbesondere aus meinem Fachgebiet ist kaum zu finden. So greife ich gerne nach Peter Scholl-Latours »Mord am Großen Fluß«. Im Mittelpunkt stehen die Ereignisse im Kongo 1961 - 1965, ergänzt durch zahlreiche politische Reiseskizzen, die ich mit besonderer Aufmerksamkeit lesen werde. Manchen jener Schauplätze, von denen Scholl-Latour aus seine hervorragenden Kommentare sprach, kenne ich aus eigenem Erleben. So lockt die Lektüre auch zu einer gewissen persönlich-politischen Rückschau.

Als ich 1964 schließlich doch mein Abitur machte, aus Gesundheitsgründen aber nicht zur Bundeswehr kam, kam man überein, daß es vor dem geplanten Studium der Geschichte sinnvoll sein könnte, mich in der Welt ein wenig umzusehen. So reiste ich mit etwas gemischten Gefühlen im Oktober jenen Jahres an Bord einer Boeing 707 nach Pretoria, der Regierungshauptstadt der Republik Südafrika, um dort bei der »Afrika-Post« zu helfen. Die um diese Zeit in voller Blüte stehenden Jacarandabäume vermittelten einen überwältigenden Eindruck. Dann die schweren, mächtigen Bauten aus der Kolonialzeit, erinnerten an die holländische und britische Herrschaft. Die Sprache wechselt zwischen dem aus der holländischen Sprache abgeleiteten »afrikaans« und dem etwas arroganten Englisch der oberen Gesellschaftsschicht, die schon damals jenen »wind of change«, den Wind des

Wandels, im Kopfe hatte, den der britische Premierminister Macmillan im Britischen Unterhaus als unverzichtbar angezeigt und der zur Ausrufung der Republik Südafrika im Jahre 1961 unter dem hochgebildeten und weitsichtigen Premierminister Hendrik F. Verwoerd geführt hatte. Das gesellschaftliche Leben bewegte sich in jenen puritanisch-calvinistischen Ebenen, die die Burenkultur prägen. Im Mittelpunkt standen am Sonntag Kerk und Kriquet. Auf der anderen Seite gab es die oft sehr eleganten britischen Clubs, die in ihrer postkolonialen Überheblichkeit keineswegs jene liberalen Elemente verkörperten, die der britischen Lebensart eigen sind. Viele Briten waren aus Kenia, dem ehemaligen Nordrhodesien und anderen englischen Kolonien, die den »wind of change« erleben mußten, zum Kap der Guten Hoffnung geflohen, um hier noch einmal von vorne zu beginnen. Daß Mitte der 90er Jahre auch hier Veränderungen Platz greifen sollten, die damals kaum jemand ahnen konnte, sei nur am Rande vermerkt. Der Wechsel am Kap scheint sich jetzt in diesen Monaten abzuzeichnen; der Exodus der ethnischen Minderheiten scheint programmiert.

Damals war die südafrikanische Regierung noch froh, wenn Weiße als Fachkräfte, als afrikaerfahrene Kaufleute und Handwerker ins Land kamen. Auch aus Deutschland strömten in jenen Jahren tausende von jungen Menschen, die in ihrer alten Heimat nur wenig Chancen sahen, in die Johannesburger Region und an den Witwatersrand. Viele Vertriebene aus den deutschen Ostgebieten, die Angst vor dem Vordringen der Sowjets bis an den Atlantik hatten, aber auch ehemalige Offiziere suchten und fanden in Südafrika eine neue Heimat. Eine andere Einwanderungswelle war ihnen zuvorgekommen, das waren viele tausend Emigranten aus Deutschland, die als Juden sich hier schnell eine neue Existenz geschaffen hatten. All das erinnerte mich ein wenig an das Amerika im Goldrauschfieber. Ähnlich muß es dort gewesen sein. Wo gestern noch schmucke, ein wenig spießige Häuschen ehemaliger Kolonialbeamter standen, arbeiteten heute die Planierraupen und in einigen Monaten würden die ersten Büros in den modernen Hochhäusern bezogen werden. Goldgräberstimmung. Hier war in den sechziger Jahren schnelles, nicht immer ganz sauberes Geld zu machen. Das deutsche Element hatte sich in den letzten Jahren verstärkt; der »Deutsche Club« in Pretoria unweit des Krüger-Denkmals florierte und entwickelte sich zu einem Mittelpunkt des gesellschaftlichen Lebens der deutschen Volks- und Sprachengruppe. Höhepunkte des kulturellen Lebens schienen – wie fast überall auf der Welt – Eisbeinessen, Oktoberfest sowie Bälle aller Art zu sein, nicht selten von der Botschaft unterstützt. Ich mied von Anfang an diese Art von Geselligkeit, erinnerte sie mich in ihrer Spießigkeit an die Abschlußbälle unserer Schulzeit.

So konzentrierte sich mein Augenmerk auf die politische Entwicklung, unterbrochen von segelsportlichen Wochenenden, die ich meist bei der Familie Stauch auf deren Farm und am Hartebeestportdam verbrachte. Helmut Stauch, nicht nur bedeutender Architekt in Südafrika und Bauhaus-Schüler, war nach meiner Erinnerung auch Konstrukteur der Einmannjolle für die Olympischen Sommerspiele 1936 gewesen. Er zählte zu den Großen des Segelsports. Seine Frau, Carmen, packte mir am Sonntagabend stets Fleisch, Gemüse, Obst und Konserven in einen großen Korb, der fast für die ganze Woche reichte. Bei einem Monatssalär von etwa DM 400,- und einer Miete für mein Zimmer von DM 80,- war dieser Wochenkorb eine erfreuliche und notwendige Aufbesserung meines doch äußerst schmalen Geldbeutels. Stauchs Tochter Tosca war mit einem Südafrikaner britischer Abkunft verheiratet; ihre Kinder sprachen kein Wort deutsch.

Helmut Stauchs Vater, August Stauch, hatte als Bahnbeamter in Südwest, um die Jahrhundertwende zusammen mit Erich Lübbert die ersten Diamanten gefunden und hatte so ein großes Vermögen gemacht.

Die Abende auf der Stauchschen Farm waren stets lang und fanden meist im Freien statt. Gebildete, lebenskluge und lebenslustige Menschen aus Politik, Kultur und Wirtschaft kamen hier zwangslos zusammen. Die meist hochgewachsenen schwarzen boys servierten noch zu später Stunde Getränke, oft gertenschlanke, schwarze Mädchen, deren körperliche Reize nicht zu übersehen waren, trugen die Gerichte auf. Im Land der »Apartheid«, der Rassentrennung, war fast alles möglich. Hier erahnte ich erstmals, was der Begriff »fin de siecle« bedeuten kann. Während fast der gesamte afrikanische Kontinent im Umbruch, wenn nicht im Zusammenbruch war, erkannte man hier nicht oder wollte man nicht die Kraft des schwarzen Nationalismus begreifen. Die langen Abende unter den schweren Bäumen, über uns der einmalige südliche Sternenhimmel mit dem Kreuz des Südens, täuschte eine Welt vor, die im Begriff stand, auch dort aus den Fugen zu geraten. Man konnte und wollte wohl auch nicht wahrhaben, daß die katastrophalen Wirren im Kongo, die sich anbahnenden Übergriffe auf Angola und Mozambique die Unsicherheiten in Südwest das Ende eines Zeitalters einläuteten, der Behauptung des weißen Mannes in Afrika. Der Sturm auf die Festung »Kap der Guten Hoffnung« hatte schon begonnen. Aber Südafrika, das Südafrika der Buren, Engländer, Iren, Deutsche, Portugiesen, Juden und Griechen starb schon damals, ohne daß es bemerkt wurde. Das geschichtliche Gesetz »Masse schlägt Klasse« sollte sich auch hier unten bewahrheiten.

Später vermittelte mir Helmut Stauch dank seiner hervorragenden Verbindungen eine Stelle als Redakteur bei der in Windhoek erscheinenden Tageszeitung »Allgemeine Zeitung«.

Ich war mir damals - es liegt schon bald dreißig Jahre zurück - sicher, daß dieser schwarze Kontinent, der nicht nur schwarz war, mich für immer in seinen Bann geschlagen hatte, auch wenn ich bei meinen ersten Abschied von Pretoria glaubte, die Wagenburg-Mentalität des weißen Afrikanertums zu begreifen, das sich in seinem religiösem Ernst und in seinem vom Calvinismus geprägtem Glauben als das neue »auserwählte Volk« verstanden hatte und in diesem Gottvertrauen dem schwarzen Nationalismus zu trotzen hoffte.

25. Juli 1993

Der zweite Sonntag - wie viele werden es werden? - in diesem unwirtlichen Gemäuer, aber der erste in meinem eigenem »Appartement«. Wie ich aus dem Hausradio höre, soll die Zelle neun Quadratmeter umfassen. Genau diese Größe ist auch die vorgeschriebene Mindestgröße für einen Schäferhund, der in einem Zwinger gehalten wird. Bei kleineren Zwingern kann man den Tierhalter wegen Tierquälerei anzeigen, da der Freiraum zu klein wäre. Das Nachmessen meiner Zelle ergibt dann die genauen Zahlen: 2,025 x 3,74. Das macht dann 7,57 qm. Wahrscheinlich ist die Hundeschutzverordnung jünger als der Bau des Landsberger Gefängnisses.

Der Tag wird angenehm durch eine katholische Messe unterbrochen; hier fasziniert mich einmal mehr die Melodie des »te deums«, deren zweite und dritte Strophe gesungen wird. Mir fällt wieder der Philosoph von Sanssouci ein, der nach dem doch noch glücklichen Ausgang des Siebenjährigen Krieges in das Berliner Stadtschloß zurückgekehrt sein soll, sich ganz allein in die Kapelle begab und sich dort das »te deum« auf der Orgel vorspielen ließ. Er soll - so wird berichtet - dabei bitterlich geweint haben. Dieses Bild steigt in mir auf. Wer den preußischen Geist erfahren will, kann an dieser Szene nicht vorbeigehen. Man sollte sich endlich einmal abgewöhnen, in Preußen nur monokeltragende, schwitzende, im Stechschritt marschierende Soldaten und tölpelhafte Offiziere zu sehen, die Pickelhauben tragen und für ein normales Leben zu dumm sind. Der Geist von Potsdam

– das 1000jährige Stadtjubiläum wird in diesem Sommer gefeiert –, war doch ein ganz anderer. Dieser Geist wird z.B. im Edikt von Potsdam verkörpert, durch das nicht nur tausende von Hugenotten nach Brandenburg strömten, sondern auch abertausende von Salzburger Protestanten, die mit ihrer Habe in des »Reiches Streusandbüchse« zogen, eine neue Heimat, geistige Freiheit und ihre Religionsfreiheit dort fanden. Zu diesem oft belächeltem Ethos zählt auch das Potsdamer Glockenspiel mit dem Text »Üb immer Treu und Redlichkeit«, das den Heutigen wie die Trompeten von Jericho in den Ohren klingen muß oder das »Ich bin der erste Diener des Staates« des Alten Fritz. Auch das grausame Schicksal des Friedrich-Freundes – Katte – ist in diese Kategorie einzuordnen, der aus Gründen der Staatsräson sterben mußte. Und die Künstler Gontard, Langhans, Schinkel oder Knobelsdorff. Das alles türmt sich im übertragenem Sinn zu dem, was man preußisches Ethos nennt. Als 1947 die Alliierten diesen Staat Preußen auflösten, wollten sie auch jene Elemente wie »Mehr Sein als Scheinen«, Sparsamkeit und Selbstbescheidenheit auslöschen. Dies ist ihnen trefflich gelungen. Der »american way of life« konnte Platz greifen und zunächst das westliche Deutschland in die Niederungen von Manhattan und Wallstreet ziehen. Die Sentenz »Die Söhne zahlen für die Sünden der Väter« findet in unserer Gegenwart bittere Bestätigung.

26. Juli 1993

Der Tagesablauf eines Gefangenen scheint schrecklich mononton. Alles, selbst das kleinste Problem wird nur mit Antrag bearbeitet. Mit akribischer Pünktlichkeit werden morgens um 6.10 Uhr die Zellen aufgeschlossen, dann ertönt die Glocke zum Frühstücksholen. Danach - nach vorherigem Brummton - schlurfen die Arbeitskolonnen um 7.00 Uhr in die Werkhallen und Betriebsstätten. Angesichts der dürftigen Entlohnung ist der Arbeitseifer gebremst. Zwischen 11.00 Uhr und 11.30 Uhr wird zum Essenfassen eingerückt, dann werden um 12.00 Uhr die arbeitenden Gefangenen wieder zu ihren Betriebsstätten geführt, die Nichttätigen werden erneut eingeschlossen. Ebensowenig wie das Leben der Gefangenen von Abwechslung gezeichnet ist, wird das Leben der Gefängniswärter von spannenden Ereignissen geprägt sein. »Schlüsseldreher« werden sie im Jargon des Hauses genannt. Sie sind nicht selten von beachtlicher Leibesfülle, zeigen kaum Emotionen und versehen in der Regel von 6 Uhr morgens bis ca. 14 Uhr ihren Dienst. Dann kommt die 2. Schicht. Für kaum einen Beamten ist das ein nervenaufreibender oder gar lebenserfüllender Job. Und so hat denn auch so mancher der Beamten, das eine oder andere Geschäft, das offiziell von der Ehefrau oder der Lebensgefährtin geführt wird. Sportgeschäfte sollen besonders beliebt sein. Eine andere Ehefrau soll eine Bäckerei führen, eine dritte wiederum einen privaten Kindergarten oder ein Fachgeschäft für Innendekoration.

Hier soll es Grauzonen geben, wird von einigen behauptet. Ein anderes sehr ungutes Gerücht macht die Runde. Bei der Demontage von 2.200 Nixdorf-Siemens-Computern sollen etwa 200 Stück auf rätselhafte Weise aus der Anstalt verschwunden sein und im Großraum Landsberg dankbare Abnehmer gefunden haben. Ein Schelm, wer Böses vermutet. Hier ist es wohl besser den Mantel des Schweigens über diese Fragen und Gerüchte zu decken.

Die »unverschuldet ohne Tätigkeit« gehaltenen Gefangenen bekommen zwangsläufig weniger Geld für den monatlichen Einkauf, auch wenn sie während der Arbeitszeit eingeschlossen sind. Dann beläuft sich der Betrag auf etwa 53 DM. Für Raucher und starke Kaffeetrinker ist diese Decke zu kurz und viele gehen leihen oder betteln, und hoffen bei dem einen oder anderen was zu ergattern. Nicht selten heißt es: ich gebe dir eine Packung Tabak, in zwei Wochen bekomme ich aber zwei zurück.« In ihrer Tabaksüchtigkeit gehen die Raucher auf dieses Angebot ein, wohlwissend, daß der Ausgleich fast unmöglich ist. Wucherzinsen würde man in der freien Wirtschaft sagen. Die hiesige Mangelwirtschaft hat aber eigene Gesetze.

Ich habe mir seit einigen Tagen angewöhnt jeweils einige Minuten bevor die Zellentür abgeschlossen wird, in meine »Gemächer« zurückzukehren um hier der einen oder anderen Tätigkeit nachzugehen. So kann ich mir das Prinzip der Freiwilligkeit, wenn auch nur im Westentaschenformat bewahren und ich bleibe zumindest in gewisser Hinsicht »Herr meiner Entscheidungen«. Eine Therapie, die mir gewiß hilft, manche Unanehmlichkeiten leichter zu ertragen.

Das »Katz und Maus-Spiel« - zwischen Bewachern und Gefangenen ist ein oft zitierter Vergleich. Wenn auch ich gefragt werde, ob ich der Meinung sei, daß wir die Mäuse und die anderen die Katzen seien, halte ich dagegen. Man müsse berücksichtigen, daß die Wärter eigentlich ihr ganzes Leben hinter Gefängnismauern und Gittern verbrächten und letztendlich vom Moloch »Vollstreckung« aufgefressen werden. Es muß schon auch ein bedrückendes Leben sein, mehrere Jahrzehnte morgens, mittags oder abends die Schlüssel der Zellentüren zu drehen und auch ein Leben hinter Gittern zu verbringen. Wir, die Gefangenen hätten doch im Wesentlichen über kurz oder lang die Chance das Leben wieder in voller Freiheit atmen zu können. Ich habe manch nachdenkliches Gesicht danach gesehen und manch einer der Gesprächspartner blickte wieder hoffnungsfroher in die Runde.

27. Juli 1993

Der Irrsinn gewisser verwaltungsbürokratischer Akte wurde mir heute besonders bewußt. Ich hatte den Antrag zur Benutzung einer mechanischen Schreibmaschine gestellt. Diesem Antrag wurde stattgegeben. Ich mußte dann eine Erklärung unterschreiben, daß für DM 46,- ein Bürogeschäft in Kaufering die Maschine auf ihre Unversehrtheit untersuchen dürfe (Eisensägen, Feilen oder Rauschgift und Schußwaffen). Das ist auch zu akzeptieren. Und ich erhielt eine Sonderpaketmarke. Überraschend durfte meine Frau zu einem Sonderbesuch kommen und hatte das postfertige Schreibmaschinenpaket im Auto, versehen mit der erforderlichen Sonderpaketmarke für Schreibmaschinen. Anstatt dieses Paket von der Pforte auf die Kammer und von dort zur weiteren Überprüfung gehen zu lassen, wurde der Empfang abgelehnt und meine Frau mußte mit dem Paket zur Post in Landsberg und für DM 6,- hierher befördern lassen. Diese verrückte Geschichte sollte am folgenden Tag ihre groteske Fortsetzung finden als ich zur Kammer gerufen wurde. Das Schreibmaschinenpaket mit Sondermarke einschließlich des Schecks in Höhe von DM 46,- war bereits eingetroffen. Nunmehr mußte ich noch zustimmen, daß ich mit der Zuführung dieses Schecks auf mein Eigengeldkonto einverstanden sei, damit von dort die Handwerkerrechnung bezahlt werden könne. Aber das klappte dann auch nicht und schließlich wurde auf meinen Vorschlag, nach mehrmaligem Hin und Her, der Scheck samt Schreibmaschine an die Firma ins benachbarte Kaufering geschickt. Und da wundert man sich noch über die Brüsseler Euro-Bürokratie. Soviel Leerlauf hätte ein auf Wirtschaftlichkeit bedachtes Unternehmen längst in den sicheren Bankrott geführt.

*

»Brot für die Welt« ist zum doppelsinnigen Schlagwort geworden. Hier im Haus wird jedenfalls Brot und damit Steuergelder sinnlos verschleudert. Man hat in der JVA-Landsberg eine eigene Bäckerei und wohl auch einen richtigen Bäckermeister als Arbeitsbeamten. Morgens und am frühen Nachmittag wird zum Frühstück und zur Abendmahlzeit den Gefangenen Brot ausgehändigt. Sie können haben, soviel sie wollen. Im Schnitt werden ca. 10 Brotscheiben jedem Häftling in die Hände gedrückt. Keine 24 Stunden später findet man einen Großteil davon wieder im Abfall. Teilweise wird es direkt von den Zellenfenstern in die Höfe hinausgeworfen - den unzähligen Tauben zur besonderen Freude.

Wir haben noch als Kinder gelernt, daß Brot nicht weggeworfen wird. Hier wird mit Brot Schindluder getrieben, niemand unternimmt etwas dagegen.

*

Zu den Nachrichten, die meine Frau heute mitbrachte, zählte auch die Todesanzeige für den greisen Journalisten H.G. von Studnitz. Wir hatten uns Ende der 60er Jahre, als ich in München einen Vortragskreis leitete, kennengelernt; die Verbindung ist niemals ganz abgebrochen. Zuletzt telephonierten wir noch im März miteinander. Studnitz entstammte schlesischem Adel. Aus meiner Südwester-Zeit brachte ich ihm einmal fotokopierte Unterlagen eines nahen Verwandten mit, der sich als

Schutztruppensoldat beim Herero-Aufstand 1904 besondere Meriten verdient hatte. Studnitz selbst arbeitete vor dem Krieg in Berlin als Journalist und kannte die Szene im Außenministerium sowie im Propagandaministerium sehr gut. Er war ein überzeugter Ribbentrop-Gegner. In seiner Antipathie gegen den seinerzeitigen Außenminister hat er auch nicht vor Fehlurteilen und Fehlbeurteilungen zurückgeschreckt. Nach dem Krieg heuerte er bei einigen Zeitungen und Zeitschriften an, wie etwa »Christ und Welt«; bei der damals aufwärts steigenden Lufthansa wurde er deren Sprecher; dann wechselte er zurück zur schreibenden Zunft. Arbeitete vor allem für renommierte Blätter des Springer-Konzerns und für William S. Schlamms »Zeitbühne«, deren Herausgeberschaft er nach dem Tod jenes streitbaren aber amüsanten Publizisten übernahm. Er schrieb, einige aufsehenerregende Bücher wie »Rettet die Bundeswehr« und »Als Berlin brannte«. Seine ungewöhnlichen Lebenserinnerungen veröffentlichte er unter dem Titel »Seitensprünge«.

Studnitz zählte noch zu den sorgfältig ausgebildeten Männern seines Fachs, hatte ein hohes Berufsethos, schrieb »auf den Punkt«. Er verkörperte Weltbürgertum und Patriotismus, eine der letzten Persönlichkeiten einer untergehenden Epoche, die sich ebenso kritisch wie liebevoll mit dem Erbe Preußens auseinandersetzte und die preußischen Tugenden auch persönlich vorlebte. Wer in seinem großzügigen Haus in Rimsting zu Gast sein durfte, wurde an das vornehme Ambiente preußischer Herrenhäuser erinnert. Als Grandseigneur einer längst untergegangenen Welt, vertrat er einen Journalismus, der frei von Häme, jedoch von profunder Sachkenntnis gezeichnet war.

28. Juli 1993

Spurensuche. Das Schicksal jener Landsberger »Rotjacken«, die von der amerikanischen Siegerjustiz zum Tode verurteilt und oft monatelang in ihren Todeszellen saßen, über sich Scheinhinrichtungen ergehen lassen mußten und dann unter erniedrigenden Umständen wie amerikanischer Pferdediebe aufgehängt wurden, statt den Tod des Soldaten sterben zu können; ihr trauriges Schicksal ist weitgehend vergessen. Gut vierzig Jahre liegen diese menschenverachtenden amerikanischen Verbrechen hinter uns.

Auf dem Weg zur Kantine sind noch die Spuren eines Gitters sichtbar. Hier wurden die Todeskandidaten, die »Morituri«, die Todesgeweihten, getrennt von den anderen Häftlingen in den Jahren 1945-1951 zum »Essenfassen« geführt. Welch Elend, welche Tragödien mögen sich hier abgespielt haben, bevor ihnen der Strick um den Hals gelegt wurde. Ich hoffe hier noch einiges erfahren zu können. Dann hätte dieser Aufenthalt hier doch noch einen gewissen Wert.

*

Die eingehende Beschäftigung mit dem Afrikabuch von Peter Scholl-Latour läßt manche vergessene eigene Erlebnisse wieder lebendig werden. Der Entkolonialisierungsprozeß hatte Anfang der sechziger Jahre ganz Afrika wie in einen Rauschzustand versetzt. »Uhuru-rufe« jagten über den schwarzen Kontinent. Hoffnungen wurden geweckt, die nicht zu erfüllen waren. Wir verfolgten damals den verzweifelten Kampf des Moise Tschombé mit größter Aufmerksamkeit von dem nicht uninteressanten Beobachtungsposten Windhoek aus. Die scheinbar verschlafene südwester Landeshauptstadt wurde von vielen Journalisten besucht. Ich hatte die Möglichkeit in den Jahren 1965/66 dort bei der deutschsprachigen Zeitung »Allgemeine Zeitung« als Redakteur zu arbeiten. Es war für einen jungen Mann eine ungemein vielseitige Arbeit. Von der Weltpolitik bis zu den lokalen Problemen einer Kleinstadt mußte die Palette der Redaktion und des Redakteurs reichen. Wir mußten über den Krieg in Vietnam schreiben, über afrikanische Probleme Bescheid wissen, aber auch Ehejubiläen, Viehauktionen und Kinoprogramme bringen. Südwestafrika, dieses unendlich weite Land zwischen Oranje und Kunene war 1915 von südafrikanischen Truppen erobert, und im Versailler Vertrag der damaligen Südafrikanischen Union als Mandat zur Verwaltung anvertraut worden. Mitte der 60er Jahre war man in Südwest munter geworden. Das Ringen um die Abtrennung von der Republik Südafrika hatte ebenso eingesetzt wie die Ereignisse im Kongo die Menschen bewegten. Die sich anbahnenden Entscheidungen in Angola und die zunehmenden Spannungen im ehemaligen Nord- und Südrhodesien beherrschten die Gespräche in den stets gut besuchten Bars mit vorzüglichem südwester Bier.

Die politische Bombe platzte im November 1965 als der gebürtige Schotte und Weltkrieg II-Offizier, Ian Smith, die einseitige Unabhängigkeit Rhodesien vom Mutterland England erklärte. Engländer, Buren und Deutsche atmeten tief durch. Der Mann hatte Mut bewiesen. Er hatte dem britischen Löwen, der schon viele Flöhe in seinem Pelz hatte, herausgefordert und dem damaligen Premierminister, Harold Wilson, die Stirn geboten. Sein Abfall vom Vaterland erinnerte an die Unabhängigkeitserklärung der 13 amerikanischen Mutterstaaten 1776 von England. Rhodesien wurde damals stark von der Republik Südafrika unterstützt. Später mußte Südafrika auf Druck der Amerikaner (Kissinger?) seine Hilfe offiziell einstellen. Dann wurde Ende der siebziger Jahre aus Rhodesien »Zimbabwe«. Und mit dem Ende der weißen Herrschaft begann das Elend unter der schwarzen Regierung des Mr. Mugabe. Die wirtschaftliche Verarmung folgte, obwohl Rhodesien über unvorstellbare Bodenschätze verfügt. Diese Entwicklung finden wir freilich nicht nur in Rhodesien, sie hat vorher fast in ganz Afrika Platz gegriffen und sich immer wieder wiederholt. Sobald die Flagge der europäischen Kolonialmächte eingerollt worden war, setzte der ökonomische Kollaps ein. Dies konnte man in Ghana ebenso wie in Uganda, in Tansania genauso wie in Moçambique oder Angola registrieren. Den alten europäischen Kolonialmächten folgten neue in Gestalt der Supermächte und ihrer internationalen Verflechtungen. Eine politische Kolonialmacht wurde zur einen Tür hinausgetrieben, während zur anderen Tür bereits eine neue Kolonialmacht hereintrat. Ihre Waffe war und ist die Wirtschaft. Sie kamen und kommen auf leisen Sohlen. Sie sind im Umgang mit den Völkern und Staaten Afrikas völlig unerfahren, aber sie sind in ihrer Gier nach Ausbeutung unersättlich. Die Verelendung Afrikas ist - auf einen kurzen Nenner gebracht -, die Folge der Entkolonialisierung. Hatten die europäischen Kolonialmächte sowohl das eigene Interesse wie aber auch das Wohlergehen der dort lebenden Völker im Auge, haben Weltbank und andere Wirtschaftsmultis nur den eigenen Gewinn im Sinn. Noch vor eineinhalb Jahrhunderten verschleppten die Amerikaner Millionen Schwarze aus allen Teilen Afrikas unter grausamen Bedingungen in die Sklaverei in die USA, sind sie heute im Besitz der Rohstoffquellen. Sie haben Afrika ebenso heruntergewirtschaftet wie der Kommunismus den Osten Europas. Afrika dauerhaft zur Selbstverwirklichung und Selbstregierung zu begleiten, wird noch schwieriger werden als das marode Osteuropa aus dem stinkenden Sumpf des Kommunismus zu ziehen. Kommunismus à la Moskau und Kapitalismus nach Manchester-Art sind in beiden Fällen die schlechteste Medizin.

29. Juli 1993

Der tägliche Hofgang ist Kommunikationszentrum und Gerüchteküche zugleich. Hier sieht man eifrige Spaziergänger, Junggebliebene, die sich an Turngeräten betätigen oder andere, die den Hof im Laufschritt abzirkeln. Einige - vor allem Jugoslawen - lieben Volleyball. Besonders Asiaten und Vertreter des schwarzen Kontinents üben sich täglich an den Tischtennisplatten.

Man sieht hier ehemalige Manager der großen Wirtschaft ebenso wie den gefaßten Eierdieb von nebenan. Hier drehen gestrandete Zuhälter und Mörder ebenso ihre Runden wie die Ertappten aus den obersten Gesellschaftsschichten. Hier muß jeder in fast der gleichen Montur laufen. Es ist eine ebenso kassenlose wie klassenlose Gesellschaft. Und dennoch werden eifrigst auch größere Geschäfte gemacht. Branchenkenner berichten, daß gut eine halbe Million in bar in den Zellenmauern versteckt wird und einige Kilogramm Rauschgift hier lagern.

Zu meinen häufigen Gesprächspartnern zählt auch ein ungemein lebendiger Allgäuer Unternehmer, der sich noch in Untersuchungshaft befindet, in Bälde seinen 70. Geburtstag feiert und ab Anfang September in Augsburg einen großen Prozeß zu erwarten hat. Der weißhaarige, sonnengebräunte Mann, ein Herr der alten Schule, ist immerhin schon seit 19 Monaten in Untersuchungshaft. Er zeigt große Sympathien für seinen schwäbischen Landsmann Friedrich Schiller und war lange Zeit der älteste Gefangene. Er genießt allseits große Sympathie und

Achtung - nicht nur bei den Gefangenen. Er hat im Allgäu ein beachtliches Unternehmen aufgebaut und viele kritisch Denkende sind überzeugt, daß diese zweifellos untadelige Persönlichkeit nur einen schweren Fehler machte: bei seinen Nahost-Geschäften war er seriöser und erfolgreicher als seine Konkurrenten und er belieferte die Besiegten statt die Sieger.

Ich bewundere die kämpferische Gelassenheit dieses Selfmademannes, der noch im 2. Weltkrieg Jagdflieger war. Wir haben, wie wir im Laufe unserer Gespräche feststellen, einige gemeinsame Bekannte.

*

Eine Sensation ist die Nachricht aus Jerusalem, daß Jon Demjanjuk nicht »Iwan der Schreckliche« ist. Daher müsse das 1988 gegen den gebürtigen Ukrainer verhängte Todesurteil aufgehoben und Demjanjuk freigelassen werden. Demjanjuk war u.a. vorgeworfen worden, in einem deutschen Konzentrationslager während des Zweiten Weltkrieges tausende von Juden vor ihrer Einlieferung in den Gaskammern grausam gequält zu haben. Wie auch immer der Vorwurf gelautet haben mag, Demjanjuk muß freikommen. Es klingt wie Hohn, ist es aber bedauerlicherweise nicht: unmittelbar nach dieser Nachricht aus Jerusalem meldet der Rundfunk, daß der Staat Israel 500 000 Libanesen aus ihrer Heimt vertrieb. Diese brutale Massenvertreibung, verbrochen von einem großen Kulturvolk dieser Erde, ist angesichts der abscheulichen Genozide im ehemaligen Jugoslawien umso verabscheuungswürdiger.

Zurück zu Demjanjuk. Sein Freispruch ist für mich eine Genugtuung besonderer Art. Vor etwa vier Jahren hatten wir von Dieter Lehner die Studie »Du sollst nicht falsch Zeugnis ablegen« veröffentlicht. Lehner hat als erster das dem Jerusalemer Gericht vorgelegte »Schlüsseldokument« - ein Dienstausweis - als raffinierte Fälschung entlarvt. Damals wurden seine kriminologischen Untersuchungen nicht ernst genommen. Auf dieser Studie baute jedoch letztendlich die gesamte Verteidigung des Ukrainers vor dem Obersten Gerichtshof in Jerusalem auf. Sein Freispruch erinnert mich eindringlich an einen in Jerusalem zum Tode verurteilten und gehenkten Deutschen österreichischer Abkunft: Adolf Eichmann. Eichmann wurde vor über dreißig Jahren aus Argentinien nach Israel entführt, vor Gericht gestellt, zum Tode verurteilt und analog den Nürnberger Prozessen hingerichtet. Seine Asche soll im Mittelmeer verstreut worden sein, berichtete mir einst einer seiner Söhne.

Ich konnte in den siebziger Jahren die Eichmann-Aufzeichnungen, noch in Freiheit geschrieben, veröffentlichen. Die Herausgabe besorgte damals Dr. Rudolf Aschenauer, einer der großen Verteidiger bei den sog. Kriegsverbrecherprozessen, der u.a. Ohlendorff verteidigt und sich großartig für die Landsberger »Rotjacken« eingesetzt hat. Das Buch erregte damals großes Aufsehen - den Titel gab mir übrigens David Irving, als wir uns im Bayerischen Hof in München trafen -, die Münchener Staatsanwaltschaft ermittelte ergebnislos. Im Gegensatz zu Demjanjuk wußte Eichmann Wesentliches zu dem großen »Tabuthema« auszusagen. Ein weiterer - wohl der letzte - Wissensträger und Weggefährte Eichmanns aus den Kriegsjahren, Wilhelm Höttl, lebt unbehelligt im benachbarten Ausland. Höttl, den ich zweimal in Salzburg traf, hat einiges in den vergangenen Jahren festgelegt oder geschrieben. Fachleute bezweifeln, ob er alles sagt, was er weiß. Manche meinen, seine Wahrheiten kämen erst nach seinem Tode an die Öffentlichkeit. Da Höttl heute nichts mehr zu befürchten hat, sollte er sein unschätzbares Wissen der Geschichtsforschung zur Verfügung stellen, ist er doch einer der letzten lebenden Zeitzeugen aus dem Bereich Reichssicherheitshauptamt und Gestapo.

30. Juli 1993

Auf meinem Zellenschild steht bislang »Unt. o. V.« »Untätig ohne Verschulden«. Dies soll sich nun ändern. Vom Hausdienstleiter angesprochen, wird mir eine verantwortungsvolle Halbtagstätigkeit angeboten. Die vier Gefängnishöfe, in denen sich die Gefangenen täglich bewegen dürfen, müssen jeden Morgen gesäubert werden. Im ersten Augenblick fiel mir das Schlagwort vom »akademisch gebildeten Straßenkehrer« ein. Ich verwerfe jedoch rasch jeden akademischen Dünkel und erinnere mich an eine der Lebensweisheiten meines Stiefvaters, der mir angesichts meiner schlechten Schulzeugnisse jährlich mindestens zweimal ins Gewissen redete: »Es ist egal was Du machst. Ein guter Straßenkehrer ist mir wertvoller als ein schlechter Minister. Du verdienst Dir nur dann Respekt, wenn Du die Dir auferlegten Aufgaben und Pflichten ordentlich und gut erledigst. Arbeit schändet nicht, Arbeit adelt.« Eine gewisse Provokation spüre ich aber schon und weiß, daß man mich beobachtet. Ich bin mir rasch klar: die Arbeit mache ich. Das wird man wohl nicht erwarten, man kann die Herren in den oberen Verwaltungsetagen damit überraschen. Und ich bin entschlossen, meine Arbeit gut zu machen. Wie sagte schon sinngemäß Luther »Sie können uns schlagen, sie können uns beschimpfen, sie können uns zum Schweigen verurteilen, aber sie können uns nicht brechen.« Dieses Wort hat in Landsberg gute Tradition.

*

Von den etwa 600 Gefangenen sind etwa ein Drittel ohne Arbeit, sieht man einmal von den Untersuchungsgefangenen ab. Die Zahl der Unbeschäftigten vergrößert sich von Woche zu Woche. In den Werkshallen, die zum Gefängnisareal gehören, wird immer langsamer gearbeitet; teilweise nur noch halbtags. Hier wird die schleichende Rezession ganz sichtbar - sie trifft zwangsläufig Jene, die ohnehin nicht viel haben.

Es ist kaum zu glauben, aber es gibt hier fast nur »Unschuldige«. Ich bin hier einer der wenigen, die sich zu ihrer »Tat« bekennen. Zweifellos habe ich den Kopf zu weit aus dem Fenster gebeugt. Ganz wenige räumen ein, gegen Gesetze verstoßen zu haben. Daß die Gauner der 1. Klasse nicht erwischt werden, ist klar. Wer ertappt und abgeurteilt wird, ist im allgemeinen »Gauner 2. Klasse«. Zur Strafe und zur allfälligen Besserung wird er von Persönlichkeiten bewacht, die im allgemeinen völlig integer und ordentliche Beamte sind. Aber wer wird schon Vollzugsbeamter? Fast nur, wer sich draußen nicht behaupten kann. Ironisch meinte dieser Tage ein »Genosse« auf dem Hofgang: »Unsere Strafe ist, daß wir von den schlichtesten Gemütern bewacht werden«. Die Folge ist, beim nächsten Mal, wollen sie es alle besser machen. Sie wollen Gauner der ersten Klasse werden. Etwa sechzig Prozent kommen wieder.

*

Den gedrücktesten Eindruck vermitteln jene Gefangene, die aus Stadelheim kommen. Es soll das schlimmste und unangenehmste Gefängnis in Bayern sein, so berichten Jene, die schon dort waren. Die Zellen sollen noch kleiner sein als hier. Die Fenster liegen so hoch, daß man den Himmel nicht sehen kann. Die Außenwände der Zellen sind gefliest um das Hochklettern der Gefangenen zu verhindern. Der Nichttätige bleibt 23 Stunden am Tag eingesperrt. Mit etwas Glück, so berichten die ehemaligen »Gäste« jenes Etablissements, hat man eine Stunde Hofgang. Beinahe monatlich - so die Aussagen von ehemaligen Stadelheimern - geschieht aus psychischen Gründen ein Selbstmord. Dies erscheint mir zwar übertrieben, aber der Wind, der in Stadelheim weht, scheint doch sehr kalt zu sein. Wer arbeitet, hat keine Vergünstigungen. Es macht aber bestimmt auch kein Vergnügen, die Motorblöcke namhafter Automobilhersteller auf den Millimeter sauber zu feilen und sich binnen kürzester Zeit Metallstaublungen zu holen. Aber die dort Beschäftigten sollen sich nicht mal täglich duschen dürfen. Sie fühlen sich wie Arbeitssklaven im Archipel Gulag, das hat manchem der Stadelheimer, die über viele Monte dort waren, den Lebensmut genommen. Sie sind Strandgut der bayerischen Justiz. Und somit wird genau das Gegenteil erreicht, was der Sinn eines modernen Strafvollzuges am Ende des 20. Jahrhunderts, dem Zeitalter des aufgeklärten Humanismus, wäre.

In Stadelheim ist der monatliche Besuch auf 60 Minuten beschränkt. In einem zellenähnlichen großen Besucherraum, geteilt durch eine Glasscheibe, thront auf der einen Seite ein Beamter und wacht mit Argusaugen. Bis zu sechs Besucher und ebensoviele Gefangene sollen sich zur gleichen Zeit den Raum teilen. Berühren soll verboten, eine sinnvolle Verständigung ausgeschlossen sein. Hier müssen die so oft zitierten und angeblich so wesentlichen sozialen Bindungen auf der Strecke bleiben. Wie sollen da die familiären Bande erhalten bleiben? Genau das Gegenteil ist die Folge. Familien zerbrechen, Ehen scheitern, langjährige Beziehungen gehen unter dem Druck von Stadelheim zugrunde. Als nüchtern Denkender kann ich mir nicht vorstellen, daß der Gesetzgeber dieses Ergebnis gewünscht hat. Es widerspricht krass den Prinzipien der so oft gerühmten »liberalitas Bavariae«.

31. Juli 1993

Ich hatte gehofft, bis Ende dieses Monats längst wieder zu Hause zu sein und meiner Büroarbeit nachgehen zu können, aber die Mühlen der Justiz mahlen langsam. So nutzte ich den Tag zum Abschluß des Buches »Mord am großen Fluß«. Der immer interessante Fernsehmoderator, den ich auch einmal in einem kleinen Kreis als Redner erleben durfte, vertritt in seinem Buch deutlich die Interessen des aufkommenden afrikanischen Nationalismus, der jetzt in den 90er Jahren zum letzten Gefecht gegen die Wagenburg Südafrika ansetzt. Gewiß hat man in Pretoria die Weichen zu spät und dann zu schnell umgestellt. Andererseits hat sich nach dem Zusammenbruch des Kommunismus und damit der bipolaren Welt die gesamte politische Lage so entscheidend verändert, daß auch die Afrikaspezialisten im Londoner Foreign Office und im State Departement zu Washington zu der Einsicht gelangen mußten, daß man gerade die Vielvölkerwelt des afrikanischen Kontinents nicht über einen Leisten schlagen kann. Man hat vor etwa einem Jahrhundert an den grünen Tischen der europäischen Kabinette die politische Landkarte Afrikas gezeichnet. Diese Karte war und ist falsch; sie wird immer wieder zu Krisen und Konflikten führen. Erst wenn man bereit ist, die Karte Afrikas neu zu entwerfen und sie nach Völkern, Sprachgruppen und -stämmen zu ordnen, wird auch der afrikanische Kontinent befriedet werden, werden die Narben Kolonialismus und Missionierung verheilen und Afrika wird zu einem anderen, neuen Leben erwachen.

Ob freilich z.B. die Buschmänner Südwestafrikas, eines der letzten Urvölker der Erde ganz ausgerottet werden, ob die einst kriegerischen Massais am Kilimandscharo und am Ngorongoro-Krater zu den schwarzen Indianern dieses Erdteils degenerieren müssen oder aber ob die einst herrschenden Nuba Ostafrikas von den Predigern einer neuen Weltordnung auf dem schäbigen Altar ihrer Wirtschaftsideologien geopfert werden, erscheint den Gleichheitsaposteln belanglos. Für mich, der ich viele Jahre aus mancherlei Blickwinkeln immer wieder die Tiefe und Weite des afrikanischen Kontinents und seiner vielfältigen Menschen erleben und erfahren durfte, der lange Abende im Feuerschein mit Schwarz und Weiß diskutieren konnte und unendlich wesentliche Antworten erhielt, der auf ehemaligen weißen »Herrensitzen« ebenso ein- und ausging wie im Hererodorf oder im Massaikraal, für mich birgt Afrika von der Meerenge von Gibraltar bis zum Kap der Guten Hoffnung soviele Geheimnisse wie Tragödien.

Manche dieser Tragödien beobachtet oder erlebt zu haben, einfach dabei gewesen zu sein, Zeuge gewesen zu sein beim Niedergang der europäischen Mächte in Afrika ist schon ein Stück Lebenserfahrung, die ich beinahe vergessen hatte. Scholl-Latours Buch hat viel Eigenes wieder ins Bewußtsein gerückt und erneut das Auge für das, was mit und um Afrika geschieht, geschärft.

2. August 1993

Der erste Arbeitstag liegt hinter mir. Mein Aufgabenbereich ist derzeit klar abgegrenzt: die vier Innenhöfe der weitläufigen Anlagen müssen jeden Morgen gesäubert werden. Mit Eimern, einem Spieß, Schaufel und Besen bewaffnet, lasse ich mir die Höfe von den Wachbeamten öffnen. Sie sind oft unwirsch, weil sie sich während ihrer morgendlichen Ruhe - und Erholungsphase gestört fühlen. Und dann sammele ich auf, was die Zellengenossen während der letzten 24 Stunden hinausgeworfen haben: Brotscheiben und Quark, Weißbrot, Rasierklingen, Handtücher, Apfelreste, Tomaten, Wurstzipfel und Käsereste. Was normalerweise in die Mülleimer der einzelnen Zellen gehört, fliegt vor allem bei jenen, die mit einem Mülleimer nichts anfangen können, wie in ihren Heimatländern im hohen Bogen durch die Fenster. Dies alles einer geordneten Entsorgung zuzuführen, ist meine Tätigkeit. Dazu kommen noch hunderte von Zigarettenkippen, die täglich aufzukehren sind.

Ich beklage mich keineswegs über diese Arbeit. Man ist in der frischen Luft, kann selbständig arbeiten und kommt im Gelände herum.

Dennoch ist bemerkenswert wie dieser Staatsbetrieb, was ja ein Gefängnis nun einmal ist, die intellektuellen Fähigkeiten seiner Insassen grob mißachtet und damit in letzter Konsequenz Steuergelder verschleudert. Es bleibt für mich unbegreiflich, warum etwa Ärzte, Anwälte, Steuerfachleute, Bankdirektoren, Diplomingenieure oder Unternehmer, die sich irgendetwas zu Schulden kommen ließen an Fließbändern für eine Kaufhauskette Preisschilder an die Kleidungsgegenstände heften. Es muß doch für einen zeitgemäßen Strafvollzug andere Möglichkeiten geben. Offenbar aber gehört es zu den Eigenarten des derzeitigen Vollzugs, daß man den Verurteilten nicht nur aus seinem bisherigen Leben und Umfeld reißt, um ihn eine Strafe absitzen zu lassen, sondern ihn auch persönlich bis zum Äußersten demütigt nach dem alttestamentarischen Grundsatz »Im Staube sollst Du kriechen«, um ihm auch die persönliche Würde zu nehmen. Da bewundere ich gerade einige ältere Herren, die ungeachtet sog. Wirtschaftsvergehen aufrechten Hauptes ihren Weg nehmen.

Meine eigene Tätigkeit ruft mir ein Bild aus dem Prag des Jahres 1945 in Erinnerung. Dort mußten Deutsche, nur weil sie Deutsche waren, die Straßen kehren. Dieses Bild hat immer einen nachhaltigen Eindruck auf mich gemacht.

Meine Arbeit wurde durch den überraschenden Besuch von meiner Frau und Tochter auf angenehmste Weise unterbrochen. Für sie, die beide draußen sind, ist die Lage wesentlich schwieriger zu meistern als für mich hier. Nur wenige sind zu wirklicher, selbstloser Hilfe bereit; neben dem persönlichen Unbill kommt die Sorge um die wirtschaftliche Existenz der Verlage, um die sich meine Frau jetzt kümmern muß. Nach dem bisherigen Stand schlägt sie sich sehr tapfer, unterstützt von den Mitarbeiterinnen und von meinem Bruder. Es ist und bleibt schwierig, die Lage zu meistern. Aber ich staune, wie offen und direkt sie die Probleme angeht, wie die knapp 16jährige Tochter mitzuhelfen bereit ist und nach einem für sie anstrengenden Schuljahr auf Ferien, Urlaub und manch anderes zu verzichten bereit ist, und mit anpackt. Die Erkenntnis zusammenhalten zu müssen, schweißt aneinander und vermittelt gegenseitig Kraft und Standvermögen. Schade, daß die zwei Stunden so schnell vergingen. Aber als Gefangener darf ich immerhin aus der Hand des »Erstbesuchers« monatlich einmal eine Tafel Schokolade und eine Schachtel Zigaretten erhalten. Letztere tausche ich gegen Niveacreme, Dosenmilch und einen neuen Putzlappen. Ach ja, der Gefangene durfte auch noch eine Flasche »Spezi« trinken, - aber ohne Glas, direkt aus der Flasche. Einmal im Monat. Ein Glas wäre ja schon wieder ein sozialer Aufstieg.

3. August 1993

Schon vor einigen Tagen wurde ich »im Hause« nach meinem Beruf gefragt. Der Begriff »Historiker« hat meinen Gesprächspartner offenkundig elektrisiert. Heute hatten wir Gelegenheit zu einem längeren Gedankenaustausch, bei dem ich mehr der Fragende als der Antwortende war. Aus der ehemaligen Festung Landsberg hat sich bald nach der Jahrhundertwende das Gefängnis hoch über der Stadt am Lech entwickelt. Durch zahlreiche Umbauten in den letzten Jahrzehnten ist viel an historischer Substanz verlorengegangen.

Mein Gesprächspartner erklärt mir, wo die Zelle des wohl prominentesten Gefangenen, Adolf Hitler, gelegen war, daß er später nach seiner Freilassung vor den beiden Fenstern im ersten Stock eine Eiche gepflanzt hat. In diesen Räumlichkeiten im Festungstrakt sollen die nach dem Hitlerputsch zu mehrjähriger Festungshaft Verurteilten ein relativ freies Leben geführt haben. Nicht nur, daß dort der spätere Reichskanzler hier seinen programmatischen Bestseller »Mein Kampf« formulierte und seinem Sekretär, Rudolf Heß, diktierte; Hitlers Zelle soll damals die einzige Zelle - es war eine größere Räumlichkeit -, mit einem Spülklosett und fließend warmen und kalten Wasser ausgestattet gewesen sein. Hier in Landsberg hat Hitler lt. Eintragung des damaligen Gefängnisdirektors täglich bis zu acht Besucher empfangen, was der Direktion allerhand Probleme bereitete. Namentlich wurden die Besucher selbstverständlich festgehalten. Auch der Kohleverbrauch für die Öfen ist minutiös registriert worden, ebenso das Verpflegungsgeld. Nach den damaligen Aufzeichnungen wurde das Bayerische Justizministerium nicht nur über das Benehmen und Verhalten der durchaus als wichtig eingeschätzten Gefangenen ständig informiert. Auch die Besucherlisten wurden laufend nach München durchgegeben. Adolf Hitler z.B. bestätigte selbst den Erhalt des Verpflegungsgeldes und durch eine Hintertür der Festung sollen er und seine Mitverschworenen die Festung verlassen und in Landsberg in aller Ruhe Verpflegung gefaßt haben.

Wesentlich schlechter ging es dagegen Jenen, die nach 1945 hier eingeliefert wurden. Eine beachtliche Zahl wurde mit dem Strick gehenkt. Noch vor wenigen Jahren wurde das Henkerseil in der Asservatenkammer in einer Kiste aufbewahrt, während der Galgen verschwunden sein soll. Einer Entrümpelungsaktion soll dieses makabere Utensil zum Opfer gefallen sein, während eine Lampe aus Hitlers Zelle die Wirren der Zeit überstanden haben soll und ebenso ist ein Stuhl aus der Zelle noch da. Daß auch heute noch unter der Hand die Eingangstüre der Hitlerzelle zum Verkauf angeboten wird, halte ich für ein Gerücht, das in einschlägigen Kreisen kursiert. In Hitlers Zelle logierte nach seiner Verurteilung nochmals ein prominenter Gast: Alfried Krupp von Bohlen-Halbach wurde ebenfalls eine Sonderbehandlung zuteil. Und auch der einstige Reichspressechef, Dr. Otto Dietrich, wurde in Landsberg festgehalten. Damals verfügten die normalen Zellen noch nicht über den heutigen Komfort. Bis in die 60er Jahre gab es den vielgeschmähten aber unvermeidlichen Kübel in jeder Zelle, der jeden Morgen entleert werden mußte.

In Landsberg, das die Amerikaner am 27. April 1945 übernahmen, fanden die Hinrichtungen jeweils an einem Freitag statt. Dann kurvten stets eine größere Zahl amerikanischer Panzer durch das Gelände, was angesichts der zunehmenden Proteste aus der Öffentlichkeit verständlich war. Der Todestrakt befand sich - ich erwähnte es bereits - im Gang B-0, die letzten 16 Zellen. Von hier wurden die Delinquenten in den modrigen Keller geschleppt, wo sie ihre letzte Nacht verbrachten. Der letzte Gang führte dann durch das heutige Spital in den ersten Stock. In der jetzigen Spitalkapelle wurde ihnen eine Hl. Messe von Pater Morgenschweis gelesen. Hier empfingen sie auch geistlichen Beistand und der Pater - er war ein grundanständiger Mann, sein Tagebuch ist noch immer nicht veröffentlicht - begleitete sie bis zur Türe. Erneut mußten die Delinquenten, die Hände auf dem Rücken oder auf den Bauch gefesselt, den Spitalgang durchqueren, wurden durch eine weitere Türe verbracht. Und im Spitaleck stand der Galgen. Gewiß nicht ohne Bedacht hatten die Amerikaner in Landsberg genau diesen Platz zu ihrer Hinrichtungsstätte erkoren. Von hier aus konnten die dem Tode Geweihten die »Hitler-Eiche« sehen, bevor ihnen die Schlinge um den Hals gelegt wurde.

Auch Nürnberg war aus besonderem Grund für die alliierten Kriegsverbrecherprozesse ausgewählt worden. Nürnberg war doch jene Stadt gewesen, in der Hitler einst seine großen Triumphe, gewiß Höhepunkte seines Lebens, feiern konnte. Geradezu von alttestamentarischer Rache soll der Hinrichtungsakt in Nürnberg gewesen sein, dem als einziger deutscher Zeuge, der spätere bayerische Ministerpräsident, Wilhelm Högner, beigewohnt hat. Die Galgen waren so präpariert worden, daß die Körper beim Fall mit dem Kinn auf den Holzrand aufschlagen mußten. Dabei wurde den zum Tode Verurteilten die Kiefer zertrümmert. Der Fall der noch Lebenden wurde so stark abgebremst, daß ihnen nicht das Genick gebrochen, sondern sie bei lebendigem Leib erwürgt wurden. Der Todeskampf Einzelner soll bis zu 15 Minuten gedauert haben.

Landsberg, die Festung hoch über der Stadt, in der Hitler entscheidende Monate seines frühen politischen Lebens verbracht hat, wurde zur Walstatt der Amerikaner gegen deutsche Soldaten, Offiziere, Mitläufer und »Schreibtischtäter«. Wir wissen heute, daß viele der vollstreckten Urteile Fehlurteile waren, daß manche der verhängten langjährigen Freiheitsstrafen nichts mit Gerechtigkeit gemein hatten.

Den Besatzungsamerikanern und den damals Verantwortlichen war das Gefühl von Symbolik durchaus eigen. Aber nicht nur Spandau wurde eingeebnet, auch in Nürnberg erinnert so gut wie nichts mehr an die Jahre alliierter Siegerwillkür. In Landsberg aber erinnern zumindest abgesägte Gitterstäbe und schlichte Gedenkkreuze an das Schreckensregiment amerikanischer Justiz. Schon damals wollten sie eine »neue Weltordnung« aufrichten.

In den Herzen und Köpfen vieler Deutscher werden aber Nürnberg, Spandau und Landsberg als Symbole eines tragischen Opferganges weiterleben.

4. August 1993

Das Interesse an Lesestoff ist hier besonders groß. Das Angebot ist im allgemeinen dünn. Nur wenige Gefangene leisten sich Zeitungen, die über mehr als nur Boulevard-Klatsch und Sport berichten. So fiel mir heute die »Zeit« vom 23. Juli 1993 in die Hände. Auszugsweise wird dort ein Aufsatz des französischen Nuklear-Strategen Pierre-Marie Gallois, der in LE MONDE erschienen war, wiedergegeben. Gallois machte sich in den 60er Jahren einen guten Namen durch das Buch »Der paradoxe Frieden«. Sein Beitrag in der führenden französischen Tageszeitung, läßt nicht nur aufhorchen, er erschreckt. Gallois versteift sich zu der abenteuerlichen These, vor allem die Deutschen trügen Verantwortung für Vorbereitung und Ausbruch der Balkankrise, weil die Deutschen die Führung in einem künftig föderal strukturierten Europa übernehmen wollten. Er versteigt sich zu der Behauptung »die politische Geographie und die europäische Integration arbeiteten einer künftigen deutschen Vorherrschaft zu«. Daß Österreich an die Europäische Gemeinschaft heranrückt, bedrückt den eifernden Franzosen ebenso wie der Fakt, daß »im Norden sich die Deutschstämmigen zwischen Königsberg und Westpolen nur noch dem Vaterland anschließen müßten«.

Der wohl schon greise, wenn nicht gar senile, Gallois übersieht in seiner antideutschen Polemik einen wesentlichen Unterschied zwischen Romanen, Slawen und Germanen. Soweit einst das Imperium Romanum vor allem in Gallien, Spanien und Italien Bestand hatte und sich verankerte, haben die Prinzipien des römischen Rechts und der römischen Staatsauffassung bis in die Gegenwart durchgeschlagen. Rom, Madrid oder Paris waren und sind die Zentren dieser Länder, sonst gab und gibt es nichts an politischem Wünschen und Wollen. Der romanische Zentralismus, der alle Ethnien unterdrückt hat, steht im krassen Gegensatz zum germanischen Föderalismus. So ist z.B. Deutschland voll von Volksgruppen und Stämmen. Die einstige Habsburger Monarchie, die wesentliche Elemente des Slawischen beherrschte, hatte eine bis zu ihrem Untergang mustergültige Minderheitenregelung.

Jene Zwangsdiktate von Versailles und St. Germain, die unverkennbar die Handschrift der Franzosen tragen, zerstörten das Vielvölkergebilde der österreichisch-ungarischen Doppelmonarchie und unterwarfen Millionen Deutsche jenem slawischen Nationalismus, der durch die ersten Schüsse von Serajevo 1914 die nationalen Katastrophen dieses Jahrhunderts heraufbeschworen hat. Die in der Folge des Ersten Weltkrieges gebildete »Kleine Entente«, ein von Frankreich geschaffenes Kunstgebilde, führte zu den irrsinnigen Nationalismen der 20er und 30er Jahre, mit der Verfolgung nationaler Minderheiten in Polen, der Tschechoslowakei und Jugoslawien. Die Ergebnisse und Folgen dieser ebenso törichten wie kurzsichtigen Minderheitenpolitik sind bekannt. Auch der Zweite Weltkrieg entzündete sich an den ungelösten Problemen ethnischer Minderheiten. Statt aus den Fehlern von 1914, 1918 und 1938/39 zu lernen und mit den geschlagenen Deutschen nach einer europäischen Friedensordnung, die diesen Namen verdient, zu suchen, wurden die Diktate von Versailles und St. Germain in

Jalta und Potsdam nicht nur bestätigt, sondern verschärft und eine neue Siegerordnung aufgerichtet.

Schon Herder sprach von den Völkern als den Gedanken Gottes. Und so ist es begreiflich, daß die Völker im Osten und Südosten Europas, daß die Volksgruppen im Westen und Norden Europas wieder auf die sich erholende Mitte dieses Kontinents blicken, wo Föderalismus statt Unterdrückung die Regel ist, wo Sachsen und Schwaben, Bayern und Friesen nach der Maxime des Preußenkönigs »Jeder soll nach seiner Façon selig werden« leben und ihren kulturellen und heimatpolitischen Eigenarten nachgehen können. »Der Staat bin ich«, ist nicht deutschen Ursprungs, sondern war der absolute Machtanspruch des französischen Sonnenkönigs Ludwig XIV. und seines kleinen Epigonen François Mitterand. Diese Egomanie prägte und prägt den französischen Staat, sie ist keine deutsche Befindlichkeit.

Will der Franzose Gallois, der glaubte, alte Ängste neu schüren zu müssen, die zumindest von deutscher Seite längst begrabene Erbfeindschaft neu beleben, die einst Konrad Adenauer und Charles de Gaulle überwunden haben? Hofft der knochenharte Nationalist Gallois die Zeichen, die Mitterand und Kohl auf den Schlachtfeldern von Verdun und bei ihren zweimaligen Besuchen beim Schriftsteller Ernst Jünger, dem letzten lebenden Pour le mérite-Träger und Verfasser von »Stahlgewittern«, vom Tisch fegen zu können? Wer glaubt, erneut Deutschenhaß predigen zu müssen, im Trüben fischen und vor Deutschland warnen zu müssen, lebt noch immer in einer Epoche des Steinzeitnationalismus und spielt mit dem Feuer eines verwerflichen Extremismus.

Wir sind nach den Katastrophen dieses Jahrhunderts ein belehrtes Volk. Die Deutschen wollen Partner unter Partnern sein, sie verurteilen jede Unterdrückung ethnischer Minderheiten, seien es Kurden, Bretonen, Südtiroler, Elsässer oder Schlesier.

Europa ist aus kleinen Volksgruppen und großen Völkern gewachsen. All das macht die Vielfalt und Kraft dieses geschundenen, aber immer noch lebenskräftigen Kontinents aus. Die Belehrungen eines engstirnigen Franzosen brauchen wir nicht, aber sie mahnen uns zu Wachsamkeit.

6. August 1993

Großer Stau bei der Wäscheausgabe. Erstmals erhalten die Gefangenen nicht nur die grauen, harten Arbeitshandtücher, sondern angenehm flauschige Frotté-Handtücher, die im »modischen Trend« - grau - liegen und dazu passende Waschlappen, sowie eine Unterhose mehr je Woche. Beides ist der Erfolg des gestern in das Freigängerhaus Rothenfeld bei Andechs entlassenen bisherigen Vorsitzenden des Insassenrates, der das freudige Resultat seiner monatelangen Bemühungen nicht mehr persönlich erleben konnte. Der gebürtige Innsbrucker - seine Familie spielt in der Tiroler Landespolitik des letzten halben Jahrhunderts eine hervorragende Rolle - und Wahlmünchner hat eine ebenso spektakuläre wie typische Nachkriegskarriere gemacht. Seine Zellenpinwand schmückten nicht nur Fotos mit Franz Josef Strauß und dem amtierenden Bundespräsidenten, Richard von Weizsäkker, sondern auch fotografische Erinnerungen mit den bekanntesten Sportlern und Sportpolitikern unserer Republik. Vom einfachen Elektriker zum Inhaber einer bedeutenden Medienfilmfirma arbeitete sich der junge Selfmademann hoch, wurde Vorsitzender nationaler und internationaler Sportverbände, trug 1989/90 wesentlich zur Vereinigung des deutschen Sports bei und war als Nachfolger von Willi Daume als NOK-Präsident nicht nur im Gespräch. Dann aber verstieß er gegen eines der ungeschriebenen ehernen Gesetze dieses Gemeinwesens. Aus dem Aufsteiger und Topmanager wurde über Nacht ein von der Münchener Bussi- und Schicki-Micki-Gesellschaft Geächteter. Ein Indizienprozeß wurde angeleiert, der nicht zu gewinnen war, da er an sein Recht glaubte. In mühevoller Kleinarbeit und unter Einsatz eines beachtlichen Vermögens hat der sympathische und mit Charisma ausgestattete Endvierziger sein Wiederaufnahmeverfahren vorbereitet. In einer Nacht konnte ich die fast 300 Seiten umfassende Schrift durchlesen. Ob er Erfolg haben wird, bleibt abzuwarten. Auf meine Frage, warum er sich denn so energisch gegen die Anstaltsleitung und für die Belange der Gefangenen eingesetzt habe, meinte er mit zurückhaltender Bescheidenheit, ihm sei es darauf angekommen, sich auch unter schwierigsten Verhältnissen zu bewähren. »Ich wollte hier versuchen, die Wünsche und berechtigten Interessen von Mördern, Dealern, Einbrechern, Ganoven auf einen Nenner zu bringen«. Er wollte Menschenführung zeigen, auch und gerade der Anstaltsleitung. Man darf gewiß sein, daß dieser Mann, der Aufstieg und Fall so dicht beieinanderliegend erlebte, noch von sich reden machen wird, hat er doch durch sein eigenes Schicksal den Blick hinter die Kulissen der Welt der Entscheidungsträger, die auf allen Ebenen die Puppen tanzen lassen, gewinnen können.

7. August 1993

Mein historischer Gesprächspartner zeigt mir heute die sog. Adolf Hitler-Eiche, die unmittelbar vor einer jener Zellen steht, in denen der spätere Reichskanzler 264 Tage verbracht hat. Es ist fast vergessen, daß Hitler nach seiner Überstellung nach Landsberg am 11. November 1923 in einen 17tägigen Hungerstreik trat und in eine Münchener Klinik eingeliefert werden mußte. Anschließend wurde er wieder in Landsberg einquartiert. Zeitweise - um die Jahreswende 1923/24 bestand die Überlegung, ob nicht auch General Ludendorff, der legendäre deutsche Stratege des 1. Weltkrieges, in die Festung verbracht werden sollte. Für den populären General waren bereits Räume in gehobener Ausstattung einschließlich Ordonnanzzimmer vorbereitet worden. Es kam dann doch anders, aber immerhin besuchte Ludendorff aus dem nicht weit entfernten Tutzing Adolf Hitler insgesamt neunmal, vermutlich vor dem berühmten Prozeß, den man ursprünglich aus Sicherheitsgründen ebenfalls in der Festung Landsberg durchführen wollte. Die Verwaltung bereitete sich intensiv darauf vor. Aber auch diesmal kam Landsberg zu kurz. Wegen der zu erwartenden zahlreichen Pressevertreter aus dem In- und Ausland wurde das Verfahren dann doch nach München verlegt; in Landsberg gab es wohl nicht ausreichend gute Quartiere für die Journalisten.

Zur gleichen Zeit, am 11. November 1923, als Adolf Hitler in Landsberg eingeliefert wurde, war im Gefängnis ein anderer prominenter Insasse: Graf Arco Valley, der den ersten Ministerpräsidenten der bayerischen Räterepublik, Kurt Eisner, erschossen hatte. Graf Arco, der das Idol der damaligen Linksintellektuellen ermordet hatte, wurde zunächst zu lebenslänglicher Haft, dann zu fünfjähriger Festungshaft verurteilt, was einer Ehrenhaft gleichkam. Der Graf wurde - so der Bericht vom 16. Juni 1926 an das Bayerische Justizministerium - nach der Ankunft Hitlers auf seinen eigenen Wunsch hin in das Spital verlegt, da er auf keinen Fall mit Hitler zusammentreffen wollte, da er - Graf Arco - sich als bayerischer Patriot fühlte, was er dem Mann aus Braunau nicht zubilligen wollte. Hitler dachte wohl schon damals über den weiß-blauen Horizont hinaus. Jedenfalls wurde Graf Arco, nachdem Hitler seine Zelle im Festungsteil bezogen hatte, wieder in seine alte Zelle verlegt und wenig später begann er mit seinen landwirtschaftlichen Studien auf Gut Spötting, das an das Landsberger Gefängnis angrenzt und ein Teil dessen ist. So ist diese bemerkenswerte Gestalt nie dem »Tribun« Adolf Hitler begegnet, wie ihn seine Mitgefangenen nannten, er wollte ihm wohl auch aus dem Wege gehen.

In den ersten Wochen nach der Einlieferung der insgesamt 16 Nationalsozialisten, zu denen Männer wie Hünlein, Max Amann - Hitlers einstiger Feldwebel - Max Kriebel, Adolf Dinter und der eigentlichen Parteigründer Drexler zählten, muß es ziemlich turbulent, wenn nicht gar aufsässig zugegangen sein, wie man von Landsberg nach München mit beachtlichem Abscheu zu vermelden pflegte.

Erst nach dem Prozeß, als ein Großteil der Nationalsozialisten entlassen war, und Hitler mit einigen wenigen wieder nach Landsberg kam, ging es wesentlich gesitteter zu, wie der damalige Gefängnisdirektor Leybold nach München zu berichten wußte. Bei den täglichen »Turnspielen« machten alle NS-Festungshäftlinge mit, nur nicht Adolf Hitler. Er empfing während der 264 Tage in Landsberg insgesamt 499 Besuche; teilweise war der Andrang - es war ja nicht jeden Tag Besuchstag - so groß war, daß die Gefängnisleitung nur »Fünf-Minuten-Gespräche« bewilligen konnte, denn auch die Gesprächserlaubnis für den Festungshäftling Adolf Hitler war beschränkt. Andererseits wollte man auch dem schon damals berühmten Mann zu Gefallen sein. So blieb Hitler ausreichend Zeit sich auf die Abfassung seines Buches »Mein Kampf« zu konzentrieren, an dem sein Sekretär Rudolf Heß, der spätere Stellvertreter des Führers in der NSDAP mitarbeitete und der von 1946-1987 erneut eine Festungshaft verbüßen mußte. In Spandau freilich beaufsichtigten ihn alliierte Gefängniswärter. Dort mußte er eine lebenslange Haft, nachdem er 1941 nach England geflogen war, um den Krieg zu beenden, verbüßen. Die Briten waren es dann auch, die den Greis ermordeten.

Hitler wurde von dem damaligen Gefängnisdirektor hervorragend beurteilt: höflich und verbindlich, korrekt und bescheiden, eine natürliche Autorität gegenüber seinen Mitgenossen ausstrahlend, habe er seine Zeit in Landsberg verbracht. Hier machte er den für ihn alles entscheidenden Schritt, als er sich vom bayerischen Lokalpolitiker, vom Putschisten und Tribunen entfernte und beschloß, den langen Weg zur Machtergreifung legal zu gehen. Nach seinem Regierungsantritt wurde seine Landsberger Zelle beinahe zu einem Wallfahrtsort. Ein Gästebuch auf Spitzendeckchen wurde vor der Zellentür aufgelegt, eine Bronzeplatte, die an jene Wochen und Monate in Landsberg erinnern sollte, in die Wand eingelassen. Hitler zeigte gelegentlich besonderen Gästen seine Zelle und pflanzte anläßlich eines Besuches die »Hitler-Eiche«, die auch heute noch steht, wächst und gedeiht. Sonst erinnert nichts mehr an jenen Mann. Von meiner Zelle kann ich sowohl auf jene Zelle wie auch auf die »Hitler-Eiche« blicken, der in diesem Gemäuer vom erfolglosen Revolutionär zum überzeugten Legalisten heranreifte, und der nur wenige Jahre später die Stimmen von Millionen Deutschen im Sturm gewann.

Von meinem Zellenfenster aus unsichtbar, aber nur wenige Meter von der Hitlerzelle entfernt, zwischen Flügel C und Krankenhaustrakt stand schließlich jener Galgen, an dem die amerikanische Siegerjustiz nach Westernmanier - ihre Opfer henkte, mit Blick auf die Hitler-Eiche. Eine grausam - makabre Szene, die hier jeden Freitag ablief, bis die Proteste unüberhörbar wurden und die Hinrichtungen zunächst ausgesetzt und später ganz eingestellt wurden. Zu den letzten Gehenkten zählt lt. Totenbuch des Pfarrers Morgenschweis auch der SS-General Oswald Pohl, der noch am 7. Juni 1951 gehenkt wurde. Erst 1956 wurde das Gefängnis wieder in deutsche bzw. bayerische Verwaltung übergeben. Seitdem sind fast alle Hinweise auf die geschichtlichen Zeugen und Zeugnisse, auf Stätten und Personen, die hier einsaßen, getilgt. Noch gammeln Akten aus der amerikanischen Zeit in den weitläufigen Kellergewölben; unbekannte Hitlerdokumente sollen sich im Archiv des bayerischen Justizministeriums befinden, ebenso die Schlüsseldokumente aus der Zeit nach 1945. Ob man diese jemals wird einsehen können?

Der Blick aus meiner Zelle: In der Eckzelle im ersten Stock logierte einst Adolf Hitler. Daneben die »Hitler-Eiche«. Ein »Hausgenosse« malte diesen Blickwinkel.

9. August 1993

Im Kreis der Kollegen der Gartenbauabteilung, ein Münchner, ein Schwabe, ein Schwarzer von der Elfenbeinküste, werde ich der »Hof-Gärtner« genannt. Nun, von einem »Hof-Garten«, wie dem in München, kann man hier beim besten Willen nicht sprechen. Allein die gärtnerische »Ausbeute« des heutigen Tages ergibt ein ganz anderes Bild. Zwei Eimer alten Brotes, aus den Zellenfenstern geworfen, 36 Stück Salamiwurst (jeweils ca. 250 gr.) und 24 leere Fischdosen, deren Inhalt von den einsitzenden Mohammedanern verspeist wurde, mußte ich aus drei von vier Höfen einsammeln und entsorgen. Für die Mohammedaner wird übrigens extra gekocht. Wer selbst im Gefängnis diesen Überfluß sieht, der täglich aus den Zellenfenstern fliegt, denkt zwangsläufig an die schrecklichen Bilder aus der Sahelzone, erinnert sich an die Hungernden auf dem Balkan und gedenkt jener Millionen Menschen, die kein »tägliches Brot« haben. Gerade die grauenvollen Fotos jener Kinder des schwarzen Kontinents, die mit aufgeblähten Bäuchen, jener zum Skelett abgemagerten alten Menschen, die apathisch dem Tod entgegensehen, sollten den Menschen hier vor Augen gehalten werden.

Das Drama Afrikas, die erfolglosen Hilfsprogramme der Vereinten Nationen oder gar die »Operation Neue Hoffnung« der UN und schließlich auch der deutsche Militäreinsatz am Horn von Afrika drängen sich auf.

Dieser Tage las ich eine kleine Notiz, daß die Bundesrepublik Deutschland für den Einsatz der Vereinten Nationen für das laufende Jahr 26 Millionen Dollar bezahlt hat und für den deutschen Beitrag insgesamt sechs Millionen Mark wieder erstattet bekommt. Bleibt ein Minus von 20 Millionen US-Dollar, das sind etwa 32 Millionen Mark. Hier stellt sich doch die Frage, ob es wirklich etwa 10 Millionen Mark wert ist, deutsche Soldaten in dieses Spannungsfeld zu entsenden, wo die Gefahren täglich wachsen. Uns Deutschen wirft man doch noch und schon wieder vor, wir wollten wieder Weltmacht werden. Der deutsche Griff nach der Weltherrschaft stehe unmittelbar bevor.

Wir Deutschen sollten endlich begreifen, daß es nicht geht, wenn man nach den Tragödien des letzten Weltkrieges, in dessen Folge deutsche Soldaten für ihren Einsatz gehenkt oder zumindest diffamiert wurden, wenn bis zum heutigen Tag in den amerikanischen Hollywood-Filmen der Offizier des letzten Weltkrieges grundsätzlich als Macho, Sadist oder Dummkopf verhöhnt wird, wenn die Generation unserer Väter und Großväter noch immer als verbrecherisch denunziert wird, solange sollten wir uns nicht in eine wie auch immer geartete internationale Verantwortung zwängen lassen.

Diese Verantwortung kann leicht zur Rutschbahn in kriegerische Auseinandersetzungen werden, wo die »Krauts« den anderen Völkern erneut die heißen Kartoffeln aus dem Feuer holen sollen. Solange wir nicht im Sicherheitsrat der Vereinten Nationen sitzen, solange die Befehlsstrukturen nicht klar sind, solange noch die Feindstaatenklauseln in der Satzung der Vereinten Nationen sind, haben wir uns vor solchen Abenteuern zu hüten.

Wir sollten uns vielmehr auf humanitäre Anliegen konzentrieren. Die Menschen Afrikas sollen lernen, wie man pflanzt, anbaut und erntet, wie man umsichtig mit den Schätzen der Natur umgeht, wie man ökologisch sinnvoll arbeitet, wie man lernt, Brunnen zu bauen, Häuser zu errichten und Vieh zu züchten. Wenn Afrika endlich sich einmal selbst ernähren kann, ist ein großer Sieg für die Humanität erreicht. Aber man muß auch den Kirchen, insbesondere der katholischen Kirche den Vorwurf machen, daß sie nicht in der Lage ist, durch Geburtenkontrolle zu einer sinnvollen Bevölkerungspolitik beizutragen. Offenbar sind dem Papst in Rom Millionen toter getaufter Kinder und Greise, die verhungerten, namentlich lieber als ein paar hunderttausend lebender Katholiken.

11. August 1993

Die neuesten von Wirtschaftsminister Rexrodt (FDP) übermittelten Daten über die zukünftige Arbeitslosigkeit, haben den hier einsitzenden »Unternehmerkeis« beim Hofgang intensiv beschäftigt.

Sechs Millionen Arbeitslose ohne die Scheinarbeitslosen mit ihren ABM-Stellen sind ein alarmierendes Zeichen, das die Bundesregierung nicht überhören dürfe. Ein ehemaliger Direktor einer großen in München angesiedelten Bank vertritt die Auffassung, mit diesem Zahlenwerk habe diese Bundesregierung ihren eigenen Untergang besiegelt.

Der allgäuer Unternehmer erzählte mir, er erinnere sich noch sehr gut, wie vor 1933 insgesamt 7,1 Millionen Menschen ohne Arbeit und im wahrsten Sinne ohne Brot gewesen sei. Damals habe sein arbeitsloser Vater, die Mutter war verstorben, mit fünf Kindern dagestanden. Er und seine Geschwister seien abends um Wurst und Brotabfall betteln gegangen, um wenigstens etwas zwischen die Zähne zu bekommen. Hier ein Kanten altes Brot, beim Metzger »Wurstenden«, dort eine Handvoll Mehl, so habe damals die Arbeitslosigkeit ausgesehen. Und sein Vater sei gläubigen Herzens nach 1933 zur NSDAP gestoßen, da Hitler in der Tat ihm wieder Arbeit gegeben habe. Und auch für ihn - er war 1933 zehn Jahre alt - war dieses Erlebnis ein Schlüsselerlebnis, das er in seinem ganzen Leben niemals vergessen werde.

Es sind genau sechzig Jahre her, daß die Arbeitslosenzahl gut sieben Millionen Menschen betrug. Nicht durch die Ankurbelung der Kriegswirtschaft, sondern durch das Vermitteln von Hoffnung und Arbeitsbeschaffungsmaßnahmen (Arbeitsdienst für Jüngere, Hilfsdienst für Ältere), ist es Hitler und der damaligen Reichsregierung gelungen, die Arbeitslosen wieder in Brot und Beschäftigung zu bringen. Die Legende von der Kriegswirtschaft gehört zu den zeitgeschichtlichen Falschmeldungen, die immer noch durch den Blätterwald geistern. Die Ursachen für den wirtschaftlichen Absturz lagen im System von Versailles, in den düsteren Geschäften hemmungsloser Börsenspekulanten in New York und an der unerschwinglichen Kreditaufnahme in Deutschland durch Kommunen, Länder und das Reich. Statt zu investieren wurden Darlehen und Kredite aufgenommen, um Repräsentativbauten, Mehrzweckhallen u.ä. zu bauen. Die Brüningsche Wirtschaftspolitik war gescheitert. Und Kohl, Waigel und Rexrodt gehen den nämlichen Weg. Ohne Hitler und die von ihm vermittelte Aufbruchsstimmung, wäre die wirtschaftliche Sanierung, nicht zuletzt auch durch den geschickten Hjalmar Schacht nicht möglich gewesen.

Fast genau sechs Jahrzehnte später, steht erneut die Furcht vor der magischen Zahl von sechs Millionen Arbeitslosen wieder im Raum. Und erneut haben die Etablierten keine Lösungen bereit. Erneut wird versucht, durch Einsparungen im sozialen Bereich dem kleinen Mann am Zeug zu flicken, durch den schäbigen Taschenspielertrick mit der Zinsabgabesteuer, wird auch der Mittelstand um sein Erspartes gebracht. In Bayern versucht man durch den Verkauf staatlicher Betriebe, Geld in die leeren Kassen zu bekommen. Aber man wird auch noch das »Tafelsilber« verhökern müssen. Bundesregierungen, ihr Verwaltungsapparat und christlich-sozialistisch gesinntes Beamtentum, sowie zahllose Partei- und Politbonzen haben in den letzten vier Jahrzehnten das gesunde Gemeinwesen Deutschland blutleer gesaugt. So wie die Parteienherrschaft sich am Staat bedient hat, haben nicht einmal die absoluten Fürsten vergangener Epochen gewirtschaftet. Hier muß nun die Missernte von 13 Jahren sozialistischer Marktwirtschaft und 11 Jahren christlich-liberalistischen Lotterwirtschaft eingefahren werden, um noch etwas in die Scheuer zu bringen. Statt in den guten Jahren für die schlechten Zeiten Vorsorge zu treffen und zu sparen, wie es jeder Familienvater, jeder Unternehmer tut, hat man das vom Bürger bezahlte Steuergeld verprasst. Unnötige Entwicklungshilfe, unsinnige Zahlungen an die Vereinten Nationen, eine fragwürdige Wiedergutmachung, problematische Zahlungen an die GUS und verschwenderische Steuermilliarden im Zusammenhang mit dem Golfkrieg, all das zeigt die Mentalität des Unfähigen, der fremdes Geld nicht verwalten kann. Skandale, Durchstechereien, unsinnige Lohnforderungen der Gewerkschaften und der mangelnde Widerstand vieler Arbeitgeberverbände und der öffentlichen Hand, mußten zu der sich anbahnenden arbeitspolitischen Katastrophe führen. Es steht außer Frage, Spitzenpolitiker haben ihren Eid verletzt, sie können aber nicht wegen Verletzung des Amtseides vor Gericht gestellt werden, man kann sie nur, nein, man muß sie abwählen. Sie haben Hitler vorgeworfen, die Arbeitslosigkeit im ersten Drittel dieses Jahrhunderts beseitigt zu haben. Sie haben aus mangelnder Solidarität und dem Fehlen einer

Volksgemeinschaft erneut die Massenarbeitslosigkeit erreicht. Einer der Hauptschuldigen an dieser Tragödie ist fraglos Bundeskanzler Helmut Kohl, der im Rahmen der Neuvereinigung nicht »Ärmel aufkrempeln, Gürtel enger schnallen« empfohlen, sondern seinem Wesen gemäß, fette Jahre prophezeit hat. Sie haben nicht nur sich getäuscht, sondern das Volk betrogen. Wie einst Jesus die Wechsler aus dem Tempel jagte, muß man heute fordern: »Weg mit ihnen!«

13. August 1993

Nach meinem Kalender bin ich nunmehr genau einen Monat hier. Es hat sich erfreulicherweise einiges eingependelt. Ich bin dankbar, daß Freunde draußen hilfreich gewesen sind und es auch weiterhin bleiben wollen. Freilich hat sich auch in diesem Fall wieder einmal der Spreu vom Weizen geschieden.

Meine gärtnerischen Fähigkeiten werden hier auf keine große Probe gestellt. Aber einer meiner Arbeitskollegen stammt aus der Landwirtschaft und er zeigte mir, wie man fachgerecht Heu und Gras zusammenrecht. Da ich noch immer lernfähig bin, hat dieser Tag immerhin einiges Gute: Die Kunst des Heurechens beherrsche ich nunmehr.

Im politischen Bereich gewinnt der internationale und auch der deutsche Einsatz in Somalia zunehmend an Konturen. Es ist typisch für amerikanische Politik, stets nach Gegnern zu suchen, die dann kriminalisiert werden. War es vor einem halben Jahrhundert das deutsche Volk und Adolf Hitler, wurde gleich nach der Niederwerfung der Deutschen, Stalin der Oberspitzbube, dann kam Fidel Castro, schließlich Präsident Noriega von Panama, Libyens Gaddafi, dann Saddam Hussein und nunmehr der Rebellenführer Aidid. Der Mann ist gewiß kein Heiliger, aber er lehnt sich gegen die Kolonial- und Besatzungsmachtpolitik der Amerikaner & Co. auf. Wer so missionarisch wie gerade die Vereinigten Staaten auf der Besitzergreifung Somalias besteht und die »Operation new hope« durchsetzt, hat nicht nur humanitäre Absichten, denn sonst hätte er sich mit gleichem Engagement und Fanatismus für die Selbstbestimmung der Kurden und für einen Frieden auf dem Balkan eingesetzt. Zu diesem Thema hören wir freilich nur Worthülsen aus Washington. Ein Schelm, wer da Schlechtes denkt. Ging es doch George Bush bei seinem Irak-Krieg um die Ölquellen von Kuwait, bei denen er persönlich engagiert gewesen sein soll. Und am Horn von Afrika, genau in Somalia, sollen sich unermeßliche Ölquellen befinden, wie ich dem Nachrichtenmagazin FOCUS entnehmen konnte. Das ist der Hintergrund des amerikanischen Einsatzes in Somalia. Weder hungernde Kinder noch sterbende Greise, noch der zweifellos dubiose General Aidid interessierten, es geht um die Weltmacht Öl. Hier haben gewiß die amerikanischen Multis, die Ölaktionäre und die Börsenhaie der Wallstreet die bessere Lobby im Weißen Haus gehabt.

Wir Deutschen, die nicht einmal mehr in der Lage sind, unsere sozialen Verpflichtungen gegenüber den Bürgern dieses Landes zu erfüllen, deren Staatssäckel von Regierenden verantwortungslos geplündert wurden, müssen auf Druck der Amerikaner auch in Somalia dabei sein. Das seinerzeitige Ersuchen des ägyptischen UN-Generalsekretärs Boutros Gali war so durchsichtig, daß man dahinter die unverwechselbare Fatze des »Uncle Sam« erkennen konnte.

Derzeit sind 114 Offiziere, darunter drei Generale, 684 Unteroffiziere und 892 Soldaten im Mannschaftsgrad in Somalia eingesetzt. Es handelt sich dabei nicht um kämpfende Truppen, sondern um Einheiten, die Straßen reparieren, elektrische Leitungen verlegen und die Wasserversorgung wieder instandsetzen sollen.

Stellt man, wie es heute in einem Rechenbeispiel ein befreundeter Unternehmer tat, diese Zahlen in die richtige Relation, wundert die Kostenexplosion nicht mehr! Ein Offizier ist für 13,8, also 14 Unteroffiziere und Soldaten zuständig; ein Offizier für sechs Unteroffiziere und ein Offizier für 7,8, also 8 Soldaten. Bei den Unteroffizieren im Verhältnis zu den Mannschaftsdienstgraden wird das Zahlenspiel fast gespenstisch: Auf etwa 1,3 Soldaten kommt ein Unteroffizier. Und ein General kommandiert 562 Unteroffiziere und Soldaten. Weltkriegserfahrene Männer und Unternehmer raufen sich bei dieser Führungspyramide die Haare. Hier wird nicht nur sinnloser Einsatz vorgeführt; hier wird auch mit den Geldern verantwortungslos geaast. Geht man nur von einem Durchschnittsgehalt von DM 5.000,- je Mann, Unteroffizier, Offizier und General aus - also eine sehr niedrige Schätzung, dann beträgt der Sold pro Monat etwa 8,5 Millionen Mark. Bis Jahresende kostet das Somaliaabenteuer dem Steuerzahler 59,5 Millionen Mark. Davon - und ich wies schon kürzlich darauf hin, werden wir rund 10 Millionen pro Jahr Mark aus New York erstattet bekommen. Etwa 50 Millionen Mark wird der deutsche Steuerzahler allein in diesem Jahr für Somalia ausgeben. Mit dem Geld könnte - weiß Gott - auch in Somalia was sinnvolleres gemacht werden. Die in Bonn dafür Verantwortlichen, der Bundeskanzler mit seiner Richtlinienkompetenz, der Außenminister, der sich durch den Somalia-Einsatz einen Sitz im Sicherheitsrat erringen will, und der Verteidigungsminister Rühe, der offensichtlich Kriegsschauplätze sucht, sie alle gehören zu Rechenschaft gezogen. Wann wird endlich dieses Theater beendet?

14. August 1993

Die Nachricht des Tages wurde schon zeitig über den Bayerischen Rundfunk ausgestrahlt. Der Todestag des einstigen Stellvertreters Adolf Hitlers in der NSDAP, veranlaßte die bayerische Verwaltungsgerichte Versammlungsverbote für den oberfränkischen Raum einschließlich Kulmbach auszusprechen. Nunmehr sollen Kundgebungen und Aufmärsche angeblich »rechtsradikaler« Aktivisten in Thüringen oder Leipzig stattfinden.

Der Todestag von Heß, 16. August 1987, ist mir noch in lebhafter Erinnerung. An jenem Tag fand die Trauerfeier für meine Mutter statt, die als Verlegerin der Heß-Briefe sich Jahrzehnte für die Freilassung des Spandauer Gefangenen eingesetzt hat. Seine exakte Todesursache lautete offiziell »Selbstmord«. Kein Kundiger zweifelt jedoch daran, daß Rudolf Heß von den Briten ermordet wurde. Das Drama dieses Tages wurde von dem weniger Tage später erfolgten körperlichen Zusammenbruch seines Sohnes, Wolf Rüdiger Heß, überschattet, der über viele Monate so schwer erkrankt war, daß viele glaubten, er würde nicht mehr genesen. Wolf Rüdiger Heß wurde wieder gesund und veröffentlichte 1989 zum Todestag seines Vaters die menschlich bewegende Dokumentation »Mord an Rudolf Heß« mit einem Vorwort seines Verteidigers, Dr. Alfred Seidl. Als Verleger dieses Buches konnte ich diese aufsehenerregende Arbeit in den Räumen eines Münchener Hotels vorstellen. Zu dieser Präsentation kam eine Fülle von Journalisten und Korrespondenten aus dem In- und Ausland, die sich für dieses

Thema interessierten. Lückenlos konnte Wolf Rüdiger Heß die Selbstmordthese widerlegen und die Mordthese untermauern. Ein Kronzeuge seiner Anklage war Prof. W. Spann, der die Obduktion im Münchener Rechtsmedizinischen Institut vornahm.

Rudolf Heß konnte erst viele Monate später in Wunsiedel seinen Frieden im Familiengrab der Familie finden. Seitdem pilgern alljährlich an seinem Todestag nicht selten abenteuerliche Gestalten zu seinem Grab, um politischen Wirbel zu veranstalten. Die provozierenden Aktivitäten müssen den kritischen Beobachter zu der Frage veranlassen: »Wem nützt es?« Diese teilweise gespenstischen Gestalten, die sich unter irgendwelchen Fahnen zusammenrotten, nutzen weder dem Ansehen von Rudolf Heß noch seiner Familie. Diese Derwische schaden darüberhinaus jeder patriotischen Regung im Lande, denn sofort sind Fotoreporter aus aller Welt genüßlich vor Ort, zeigen diese Skinheads in ihrer peinlichen Kriegsbemalung und schüren mit ihren Bildern und Kommentaren den Deutschenhaß. Sie schaden damit dem deutschen Volk insgesamt und allen patriotischen Kräften in der Bundesrepublik insbesonders. Sind es nicht die nämlichen Dutzendgestalten, die Asylheime abfackeln, Neger »abklatschen« und damit kontraproduktiv sind? Wir wissen aus der Nachkriegsgeschichte viele Beispiele, (Kölner Synagogenschmierereien 1959), daß die Geschäfte des Neo-Nazismus vom politischen Gegner besorgt werden. So würde es nicht wundern, wenn irgendwann herauskäme, daß hinter den Muskelspielen dieser Aktivisten alte Seilschaften der Stasi oder andere Geheimdienste stecken. Sowohl Verfassungsschutz wie auch der israelische Mossad könnten durchaus Interesse daran haben, daß sich bei uns »Neo-Nazismus« rührt. Dann könnte man einerseits leichter erneut Forderungen stellen, zum anderen patriotische Kräfte verbieten.

Wer an Rudolf Heß denken und seiner gedenken will, kann dies auch am 16. August tun, ohne sich an diesen Aufmärschen zu beteiligen. Und ich bin sicher, es gibt tausende von Menschen, die das Leben und das Leiden dieses Mannes, der Leben und Freiheit für den Frieden gab, nicht vergessen werden.

Diese Aufmärsche im Stile der dreißiger Jahre sprechen darüberhinaus den Menschen im modernen Medienzeitalter nicht mehr an. Um eine Bewegung in Gang zu setzen, bedarf es zündender in die Zukunft reichender Ideen. Erinnern wir uns an die Novemberdemonstrationen 1989 in Leipzig. Da gingen hunderttausende auf die Straße, da sie die Vision eines größeren Deutschland in sich trugen und das kommunistische System abschütteln wollten. Daran fehlt es den Kleingeistern von Wunsiedel. Im Aufzug einer längst vergangenen Epoche, im Stile einer untergegangenen Zeit, glauben sie, ihr politisches Süppchen kochen zu können. Ein Adolf Hitler oder ein Joseph Goebbels, die einst Millionen Menschen durch Wort und Tat begeisterten, würden heute mit Gewißheit nicht mehr so auftreten wie vor sechzig Jahren. Sie würden mit modernsten Mitteln versuchen, den Menschen am Ausgang dieses Jahrhundert anzusprechen und zu gewinnen. Dies ist im übrigen auch ein Problem aller konservativen Parteien. Allzuleicht verstrickt man sich im Gestrüpp der Zeitgeschichte, wird man, wenn man auf dieser Seite des politischen Spektrums aktiv ist, ohnehin sofort mit Genickschuß und Auschwitz konfrontiert. Gerade dadurch will der Gegner erreichen, daß man sich nicht auf die Formulierung von Zukunftsideen und Visionen konzentriert.

Zum Thema Heß sollten wir es wie die Franzosen nach dem verlorenen Krieg von 1870/71 halten, als ihnen Elsaß-Lothringen genommen wurde: Nicht davon sprechen, aber immer daran denken.

16. August 1993

»Die Freiheit von Forschung und Lehre ist unangreifbar...«, so oder so ähnlich lautet ein wesentlicher Artikel des Bonner Grundgesetzes, alte Fassung. In einem anderen Artikel wird vollmundig behauptet »Eine Zensur findet nicht statt.« Beide Artikel sollten bei der Neufassung des Grundgesetzes ausgemerzt werden; sie sind eine Irreführung des deutschen Staatsbürgers. Zum vorangehenden Paragraphen will ich aus »höherer Einsicht« nichts sagen, aber in den Gemäuern der JVA-Landsberg trug sich dieser Tage ein Skandal zu, der erst jetzt bekannt wurde: Der bisherige Vorsitzende des Insassenrates, der immerhin schon seit 1969 besteht und der versucht der Verwaltung ein wenig die Flügel zu stutzen und wenigstens kleine Verbesserungen für die Gefangenen zu erreichen (Frottéhandtücher oder Waschlappen) hat sich von seinen Mitgefangenen in einem Brief verabschiedet. Darin äußerte er auch sachliche Kritik gegenüber einigen älteren Beamte. Dieser Brief konnte nur kurz im Aushang des Insassenrates hängen bleiben, dann wurde er von einem Beamten, der dazu nicht einmal befugt war, schlicht entfernt. Ebenso wurde auch das Abschlußprotokoll des Insassenratsvorsitzenden aus dem Schaukasten entnommen, da es den hohen Herren nicht gefiel. Man verlangte von dem neuen Insassenrat künftig alle Protokolle vor dem Aushang genehmigen zu lassen. Ob jene Gefangenen, die den Insassenrat bilden, den Mut haben, hier ein klares »Nein« zu wagen, vermag ich nicht zu beurteilen. Aber dieses kleine Beispiel zeigt deutlich wie Demokratie in diesem Hause - und nicht nur hier - vorgelebt wird.

Kritik und Opposition sind Wesenselemente jedes demokratischen Systems; dazu zählt in erster Linie auch die Presse, bzw. die Medien, denen häufig die Würde der »vierten Gewalt« im Staate zugebilligt wird, eine Auszeichnung, die sie nur in seltensten Fällen verdient. Ein kluger Journalist, der Kaiserreich, Weimarer Republik, das Dritte Reich, Besatzungsregime und den 2. Versuch einer Demokratie mit wachem Auge und leidenschaftlicher Feder miterlebt hat, sagte mir einmal folgende Lebensweisheit »In der Diktatur weißt Du, was Du nicht sagen oder schreiben darfst, in der Demokratie weißt Du nicht, was Du sagen oder schreiben darfst. Das ist der Unterschied.«

Ohne Zweifel sind die öffentlichen Medien, die jenes Korrektiv zu Regierung und Opposition sein sollten, in den bald fünfzig Jahren seit Kriegsende ziemlich runtergekommen. Mit Freude reibt man sich an Kleinigkeiten; profunde Kritik, abgesehen von Enthüllungen politischer Skandale, findet nicht statt. Das »Wächteramt«, das der Publizistik gerne zugeschrieben wird, ist längst verwaist. Dazu gehört nicht vordergründige Skandalkritik, wesentlich ist die publizistische Auseinandersetzung mit den entscheidenden Fragen, die uns Deutschen auf den Nägeln brennen. Da schweigt bekanntlich die Fülle der Medien jedweder politischer Schattierung. So wird z.B. in allen etablierten Blättern einschließlich der Fernsehprogramme grundsätzlich statt dem geographisch richtigen Begriff Mitteldeutschland seit geraumer Zeit »Ostdeutschland« verwendet. Der auf der rechten Seite des politischen Spektrums (Backenperspektive) Angesiedelte wird stets als »Rechtsradikaler« oder »Neonazi« beschimpft. Dies sind nur zwei kleine Beispiele.

Nach dem Krieg erschien ein Buch, das sich kritisch mit der Presse des Dritten Reiches auseinandersetzte und das Schlagwort »Gelenkte Presse« gebrauchte. Ein sachgemäßer Ausdruck, der bis dato an Gewicht gewonnen hat. Vielleicht hat man heute eine andere Worthülse im Soziologendeutsch dafür gefunden. Selbstverständlich war das Verhältnis zwischen Presse und Etablierten, also den Machthabern stets gespannt. So konnte ein Kaiser Napoleon noch den mißliebigen Verleger Palm erschießen lassen. Ein Ludwig Thoma mußte hinter Gitter, ein Regimekritiker wie Sacharow wurde verbannt, ein anderer, Rudolf Bahro wurde einstens aus der inzwischen verblichenen DDR ausgebürgert. Die Zeiten haben sich geändert und damit auch die Möglichkeiten, unliebsame Kritiker mundtot zu machen. Konrad Adenauer scheiterte Anfang der sechziger Jahre mit dem Versuch, den SPIEGEL auszuschalten; weniger bedeutende oder prominente Köpfe müssen nach wie vor den Schreibtisch mit der Gefängniszelle vetauschen. Ich bin gespannt, wann man auch bei uns zur Methode der Verbannung oder Ausbürgerung Zuflucht nimmt. Aber »eine Zensur findet nicht statt«.

17. August 1993

Ein häufiger und gebildeter Gesprächspartner der letzten Wochen - ich werde ihn bald vermissen -, hat mich soeben gerufen. Im Fernsehen wurde ein Vortrag eines Dr. Rolf Breitenstein gesendet, in dem sich der Wissenschaftler mit der Problematik der deutschen Identität auseinandersetzt. Der 45minütige Vortrag brachte keine wesentlichen neuen Erkenntnisse, aber er beinhaltete wieder jene sattsam bekannten Thesen, die die Wasserträger der Umerziehung seit Kriegsende auf uns herunterkübeln. Allerdings - das muß der Ehre halber notiert werden - der Herr Breitenstein bediente sich einer gewählten Sprache und unterschied sich insofern angenehm vom Gassenjargon gewisser Nestbeschmutzer.

Mitten in die wenig lichtvollen Ausführungen dieses Gelehrten, trat eine uns beiden bekannte Persönlichkeit in die enge Zelle. Mein Gastgeber wies auf das Fernsehbild mit dem Vorlesung haltenden Mann namens Breitenstein hin und meinte »in diesem Raum sind zwei Deutsche« und der späte Gast ergänzte: »Jetzt sind wir drei!«. Es bedurfte keines weiteren Kommentars, aber wir unterhielten uns dann noch ausführlich über den Tod des 93jährigen, früheren stellv. Chefanklägers der Amerikaner bei den Nürnberger- und den Nachfolgeprozessen. Natürlich wurde Kempner heute hochgelobt und wie ich einer Zeitungsnotiz entnahm, hat er auch das große Verdienstkreuz mit Schulterband und Stern sowie eine Ehrenprofessur des Berliner Senats erhalten. Er war auch Hauptankläger im Wilhelmstraßenprozeß, indem der langjährige Staatssekretär im Reichsaußenministerium, Ernst v. Weizsäcker, angeklagt und verurteilt worden war. Der Vater des Bundespräsidenten soll auch in Landsberg inhaftiert gewesen sein. Leider kann ich hier nicht nachvollziehen, ob Richard von Weizsäcker dem Robert W. Kempner zu einer der hohen Auszeichnungen deutscher Stellen verholfen hat oder ob er seiner Witwe, bzw. der Familie kondoliert. Vielleicht wird er auch an der Trauerfeier teilnehmen. Das wäre m. E. ein neuer Akt nationaler Würdelosigkeit, die jedoch zum Stil dieses Staates passen könnte. Diese Haltung der kriecherischen Demut ist es, die uns für unsere Selbstfindung so grosse Schwierigkeiten macht. Eine Staatsspitze, die sich nicht schämt, zur Beerdigung eines geschichtsnotorischen Massenmörders vom Schlage eines Marschall Broz Tito zu gehen, eine Staatsführung, die die eigene Geschichte kriminalisiert, braucht sich nicht zu wundern, daß es in »diesem unserem Lande«, an Identitätsbereitschaft mangelt. Wer gerade in diesem sensiblen Bereich Wind sät, muß Sturm ernten. Insofern hat der Gelehrte Herr Breitenstein schon recht, wenn er feststellt, die Deutschen seien ängstlich geworden und verunsichert. Die Ursache dafür aufzuzeigen, hat er freilich übersehen. Wem man die Geschichte stiehlt, wenn man aus Vorbildern Verbrecher macht, wenn man eine ganze Generation stigmatisiert, dann muß selbst das gesündeste und vitalste Volk sich selbst in Frage stellen und endet in Befindlichkeiten.

Das Wort »das einzige was man aus der Geschichte lernt, ist – daß man nichts lernt«, wird zwar dem berühmten Philosophen Hegel zugeschrieben, trotzdem kann es falsch sein. Ich bin der festen Überzeugung, daß die

Deutschen, dieses zwar durch Niederlagen und Verirrungen immer wieder geschwächte Volk im Zentrum Europas, für eine geraume Zeit noch in Acht und Bann gehalten werden kann. Je länger und je tiefer diese Menschen zwischen Ostsee und Alpen, zwischen Rhein und Oder von den sie regierenden Politikern an der Nase herumgeführt werden, je länger sie von dreisten Mafiosi ausgebeutet werden, je länger eine Scheckbuchdiplomatie dafür sorgt, daß die Staatskassen leer sind und arbeitende Bürger abgezockt werden, desto schneller wachsen die Widerstände gegen dieses System. Und dann braucht man sich nicht zu wundern, wenn plötzlich der so oft gescholtene furor teutonicus, der den Römern schon vor 2000 Jahren das fürchten lernte, plötzlich wieder erwacht.

18. August 1993

Unser später Gast kommentierte den Vortrag des Rudolf Breitenstein mit den Worten »und in den Schulen lernen sie nur vom Holocaust, Volkslieder werden nicht mehr gelehrt«. Die Bemerkung ließ mich aufhorchen. Tatsächlich, meine Tochter hat als erstes Lied von der Volksschule das französische Volkslied »frére Jacques« mit nach Hause gebracht. Daß sie im Gymnasium noch Volkslieder beigebracht bekommen, ist mir nicht bekannt.

»Wo man singt, da laß Dich ruhig nieder, böse Menschen kennen keine Lieder«. Das Volkslied ist wirklich in Verruf geraten. Natürlich erleben wir im Fernsehen einige Sendungen mit volkstümlicher Musik, natürlich hören wir im Radio gelegentlich Volksmusik oder Volkslieder. Zu unserer Schulzeit mußten wir noch eine Fülle Volkslieder - sehr zu unserem Ärger - auswendig lernen und wir sangen diese nicht nur im Musikunterricht; bei Schulausflügen, im Landschulheim, auch beim Skilager, später kamen lange Abende am Feuer dazu. Immer hatte irgendeiner die Zieharmonika und wir sangen, alte und neue Volkslieder.

Im Bewußtsein eines großen Teiles vor allem der heranwachsenden Menschen hat das Volkslied keinen Platz mehr. Auch das Märchen, eine oft unterschätzte Kunstform ist vergessen. Und lernt man noch in der Schule Eichendorff-Gedichte oder Schiller-Balladen, was ist von Goethe geblieben? Haben die 16/17jährigen schon mal was von Mörike oder Novalis gehört? Sarah Kirsch,

Günter Grass, Heinrich Böll oder Dürrenmatt werden gelesen, also zeitgenössische Literatur. Aber den Faust von Goethe, Schillers Wallenstein oder die Minna von Barnhelm von Heinrich von Kleist, wer kennt das noch? Natürlich das Tagebuch der Anne Frank, daran erinnert man sich schon noch, aber Fichtes »Reden an die Deutsche Nation« oder gar Fallerslebens »Lied der Deutschen« in all seinen Strophen - Gott bewahre, das wäre schon wieder die Anstachelung zum Neonazismus.

Es ist schlimm. Man hat uns nicht nur die Lieder, die die Seele eines Volkes widerspiegeln genommen, man hat uns die Märchen und Sagen gestohlen, man hat unsere zeitlosen Dichter mit ihrer Prosa und Lyrik aus dem allgemeinen Bewußtsein verdammt. Man hat unsere Komponisten gegen die Modernisten ausgetauscht. In der bildenden Kunst ist das Abnormale das Bewundernswerte, wer Dürer war und was er gemalt hat, ist »Schnee von gestern«; ein Caspar David Friedrich kann natürlich mit Beuys nicht konkurrieren und den Spitzweg entdecken wir nur noch im Hinterstübchen.

Man hat die Deutschen ihrer Kultur und deren Vielfalt entfremdet, aber »man« hat sie gelehrt Coca Cola zu trinken und in Fast-Food-Läden zu gehen. Wir suchen ständig neue Gaumenkitzel: chinesische Küche, der Italiener um die Ecke, oder man geht zum »Griechen« und beim Jugoslawen ist »Schnitzel à la Sarajevo« der letzte Schrei. Wir sind auf dem Weg uns von uns selbst zu entfernen. Warum geht man nicht in das nächste Gasthaus, wo man noch eine deutsche Speisekarte findet? Weil sich auch unsere Eßkultur internationalisiert, novelliert und europäischer Einheitsbrei werden soll.

Hier spielt sich fast unter Ausschluß der Öffentlichkeit eine beängstigende Revolution im Stillen ab. Als eines der großen Kulturvölker, die wir wunderbare Dichter, eine einmalige Volkskunst, bedeutende Komponisten und hervorragende Maler, Bildhauer und Architekten, um die die Welt uns beneidet, sind wir drauf und dran, diese besten Botschafter unseres inneren Deutschlands zu vergessen. Stattdessen wird eine Kultur in den Himmel gelobt, die man besser als Subkultur bezeichnen würde.

Wer freilich glaubt, dies sei Zufall, dürfte sich im hoffnungslosem Irrtum befinden. Systematisch wird doch seit Ende des Ersten Weltkrieges alles in den Schmutz gezogen, was schön, harmonisch und ästhetisch ist. Mag sein, daß es eine Kultur ist, die nicht jeden anspricht. Die Kultur jener Minderheiten, die das Abnormale zum Fetisch erheben, die soziologischen Minderheiten, die beinahe jede Perversion zum Kunstwerk hochstilisieren, die Geschichtslehrer, die aus unserer Vergangenheit ein Verbrecheralbum machen wollen, sie alle haben nicht den Finger am Puls unseres Volkes. Die Deutschen wollen - Beispiel Fischer-Chöre - wieder singen. Sie hören auch gerne Volkslieder, auch gesungen von Heino oder den Schaumburger Märchensängern. Das ist weder Kitsch noch Schnulze. Heino hat man als »rechtsradikalen Barden« abgekanzelt, weil er eben keine Heulboje ist.

Wenn man dann noch nach den Drahtziehern fragt, die in Schallplattenfirmen, in Feueilletons der Redaktionsstuben die Fäden spinnen, die an den entscheidenden Positionen in den Verlagshäusern sitzen, dann wird man bald feststellen, daß es nur ein paar Dutzend Leute sind, die eine letztendlich volksfeindliche Politik machen. Der

Journalist Paul Sethe soll einmal gesagt haben »die öffentliche Meinung in Deutschland liegt in den Händen von höchstens 200 Personen«. Leider ist es fast nur eine Gegenauslese, die uns mit den Amerikanismen aus Manhattan und New Orleans oder mit den Horrorvisionen krankhafter Hollywoodregisseure beherrschen.

19. August 1993

Nur eine kleine Meldung war die politische Sensation des letzten Jahrzehnts der Süddeutschen Zeitung vom heutigen Tage wert. Danach hat die New York Times enthüllt, daß 1984 der erste SDI-Versuch nach drei Fehlschlägen eine getürkte Schau war. Zwar bewilligte der US-Kongress dann die erforderlichen Mittel und US-Präsident Reagan konnte mit seinem »Krieg der Sterne - Programm« in die letzte Schleife des Wettrüstens zwischen Moskau und Washington einbiegen, und damit den ideologischen Gegner, den Kommunismus, in die Knie zwingen, ob das aber nicht ein verlorener Sieg war, wird die Zukunft zeigen, denn noch und jetzt ist der amerikanische Imperialismus, der im Gegensatz zum sowjetischen nicht nur auf der militärischen, sondern ebenso auf der wirtschaftlichen Säule ruht, scheinbar ungebrochen.

Ob es nun das späte römische Weltreich, das Weltreich der Osmanen, dann der spanische, britische und französische Griff zur Weltherrschaft oder der Kampf der Sowjets um den Sieg in der Weltrevolution war, immer zeigte sich, daß diese Imperien sich zwar rasch entwickelten, über eine gewisse Zeit, durch günstige Umstände und auch durch eine glückhafte Politik begünstigt, sich behaupten konnten, aber stets am Selbstbehauptungswillen, das oft erst durch die Fremdherrschaft geweckt wurde, letztendlich zerbrachen. Eine deutsche Einigung ohne Napoleon erscheint ebenso fraglich wie das Risorgimento Italiens ohne Habsburg.

Die »pax romana« zerbrach ebenso wie »pax britannica«. Die »pax sovietica« konnte sich nur auf die Stärke ihrer Panzer stützen. Als die Panzerketten verrosteten, das Benzin nicht mehr reichte, mußte der damalige Präsident Gorbatschow die osteuropäischen Völker aus dem sowjetischen Volksgefängnis in die »westliche Freiheit« entlassen.

In gelegentlichen Vorträgen und Aufsätzen betonte ich mehrmals, daß die deutsche Entwicklung des Jahres 1989 mit der französischen Revolution von 1789 in ihrer historischen Bedeutung gleichzusetzen sei. Während damals erstmals der aufkeimende Nationalismus, geführt von einer genialen Hand, die Karte Europas und eines ganzen Jahrhunderts veränderte, hat 1989 die Mark den Rubel geschlagen. Die Revolution von 1989 war eine Wirtschaftsrevolution, die die Welt den Atem anhalten ließ.

Amerikas Weltherrschaft ist die Folge von Erbschaften. Nach den beiden Weltkriegen rückten die Amerikaner in die wirtschaftspolitischen Vakuen ein, die die abziehenden Briten und Franzosen hinterlassen hatten. Bereits im Ersten Weltkrieg waren die Vereinigten Staaten gleichberechtigte Partner der Engländer geworden. Frankreich wurde in die Juniorrolle abgedrängt, Deutschland, Österreich-Ungarn und die Hohe Pforte sollten durch die Verträge von Versailles, St. Germain und Sèvres aus der Weltpolitik ausgeschaltet werden. Dieses Ausschalten geschah sowohl über militärische als auch durch wirtschaftspolitische Zwangsmaßnahmen. Daß die Entwicklung dann doch einen anderen Lauf nahm, und der Strom der Geschichte sich ein anderes Bett grub, steht auf einem anderen Blatt. Sicher aber ist, daß dennoch die Amerikaner, wie es ein amerikanischer Freund einmal formuliert hatte, beide Weltkriege verloren haben. Woodrow Wilson zog in den Ersten Weltkrieg, um die Welt für die Demokratie reif zu machen, und Franklin Delano Roosevelt wollte mit seinem Krieg das Ende aller Kriege herbeiführen. Beide täuschten sich und auch die Flügel des amerikanischen Adlers beginnen lahm zu werden.

Amerika und seine Wirtschafts- und Finanzmakler konnten es nicht verhindern, daß die beiden Mächte, die sie in einem sechsjährigen blutigen Ringen niedergekämpft hatten, zu den stärksten Wirtschaftsnationen der Gegenwart zählen. Amerika mußte in Vietnam eine folgenschwere Niederlage hinnehmen; es wurde im Iran zur Ohnmacht gegenüber einem fanatischen Islam verurteilt und im Golfkrieg konnte es allein keinen Krieg mehr führen, da die finanziellen Mittel nicht ausreichten. Die westlichen Bundesgenossen mußten einspringen. Auch Rom benötigte in den Zeiten des Niedergangs bereits die Söldnertruppen der Verbündeten. Nicht anders Amerika. Aber seine Wirtschaftsmacht erscheint unermeßlich, grenzenlos. Richtig, der Dollar ist noch Leitwährung No. 1. Eine geschickte internationale Finanzclique führt Regie. Dennoch ist Amerika kaum noch in der Lage innovativ zu investieren, wie es der Historiker Paul Kennedy festgestellt hat. Man hält noch den Konsum, aber die Schulden stiegen ins Unendliche, die soziale Decke wird von Tag zu Tag dünner, die Armut wächst. Die Schwierigkeiten mit ethnischen Minderheiten nehmen zu. In der Außenpolitik wird deutlich, daß der amerikanische Adler keine scharfen Kraller mehr hat. In der Rolle des Weltsheriffs wird »Uncle Sam« von den zweifellos mediokren Politikern des Balkans vorgeführt. Und im Nahost-Konflikt zeigt Jerusalem Washington, wer wirklich das Sagen hat. Die einst von George Bush nach dem Golfkrieg großspurig verkündete »Neue Weltordnung« hat sich zu einem Flop erster Klasse entwickelt. Die Vereinigten Staaten haben weder eine neue Weltordnung gewollt noch sind sie in der Lage diese zu schaffen. Es fehlt den US-Politikern das Gespür für Geschichte und historische Abläufe. Was Wunder. Die älteste noch existierende Kirche des nordamerikanischen Subkontinents soll nicht älter als hundert Jahre alt sein. Waren es nicht die »schwarzen Schafe«, die Spinner, Abenteurer und Ganoven, die einst in die Neue Welt aufbrachen, um dort ihr Gold und Glück zu suchen? Hier ist nicht die Rede von Millionen anständigen Auswanderern, die einst voll Hoffnung über den Atlantik unter oft elenden Umständen segelten, sondern von Jenen, die auch aus Afrika etwa 60 Millionen Schwarze als Sklaven verschleppt haben, nachdem sie Millionen eingeborene Indianer abgeschlachtet hatten. Es ist der nämliche Typ, der einst mit rauchendem Colt bestimmte, was Gesetz ist, der heute noch die amerikanische Außenpolitik beherrscht. Die Völker nicht nur Europas, sondern auch der drei anderen Kontinente beginnen zu erwachen. Über Jahrzehnte sagten wirkliche Russlandkenner wie meine Freunde Wolfgang Strauß und Werner Obst voraus, daß die Sowjetunion und ihr auf Bajonette und Raketen gestützter Imperialismus an der ökonomischen Unfähigkeit und an der Kraft der Völker zerbrechen würde. Sie haben Recht behalten. Warum sollte nicht auch der amerikanische Wirtschaftsimperialismus an der Wirklichkeit der Völker scheitern? Auch wenn es noch ein paar Jahre dauern kann. Wie nannte doch so hoffnungsfroh Joachim Fernau sein kritisches Amerikabuch »Halleluja!«

21. August 1993

Erstmals seit dem 14. Juli konnte ich gestern die Gefängnismauern hinter mir lassen und mich als »Gefangener mit gelockerter Aufsicht« im Rahmen meiner gärtnerischen Aktivitäten bewegen. Die gute Stunde, die Anstalt von außen zu sehen, war schon wieder der Freiheit ein Stück entgegen. Das Stapfen durch das halbhohe Gras, der Weg durch das Gut Spötting, das als landwirtschaftliches Anwesen zur Anstalt gehört, war ein Genuß besonderer Art. Das frühherbstliche, sommerliche Wetter, mit den etwas weicheren Konturen, die ersten Lindenblätter am Boden, auf der anderen Seite die jungen Apfelbäume mit den schon fast reifen Früchten erinnerten mich an manchen frühherbstlichen Spaziergang durch das Höhenrainer Moor, um dort Preiselbeeren zu sammeln. Der Altweibersommer mit seinen kühlen Nächten und den oft noch ganz heißen, aber doch schon wesentlich kürzeren Tagen hat Einzug gehalten; die Ebereschenbeeren reifen; vergessen wir nicht, in vier Monaten ist bereits Weihnachten.

Ein Stapel Zeitungen war bei der gestrigen Post dabei. Mit besonderer Aufmerksamkeit studiere ich die Frankfurter Allgemeine Zeitung und lese mich an den Beiträgen über die Zukunft der Stadt Walvis Bay fest. Der Ort Walvis Bay wurde schon 1878 von den Briten der Kapprovinz im Rahmen ihrer Imperialismuspolitik annektiert, die unter dem Wort des Cecil Rhodes »Ausdehnung ist alles« stand. Dann kam der Ort Walvis Bay nicht zum deutschen Schutzgebiet Südwestafrika, sondern blieb trotz der Treuhänderschaft Südafrikas völkerrechtlich stets ein Teil Südafrikas und wurde von der südafrikanischen Regierung verwaltet.

Walvis Bay ist der einzige natürliche Hafen an der afrikanischen Westküste zwischen Kapstadt und Lobito und ist für die Wirtschaft des heutigen Namibias lebenswichtig. Aus dem gesamten westafrikanischen und zentralafrikanischen Raum können über Walvis Bay Wirtschaftsgüter in- und exportiert werden, wenn die Infrastruktur modernisiert wird. Dies erfordert den zügigen Ausbau der Eisenbahnlinien, des Straßennetzes sowie modernster Kommunikationsverbindungen.

Im Rahmen der Berichterstattung vom 18.8. wurde von dem Afrikakorrespondenten Robert von Lucius auch auf ein Gespräch mit dem namibischen Außenminister Guriab abgehoben, in dem dieser auf die zwar herzlichen Beziehungen zwischen Deutschland und dem ehemaligen Schutzgebiet hinwies, Sonderbeziehungen aber in Abrede stellte und an die Hererotragödie von 1904 am Waterberg erinnerte. Diese fordern von Deutschland wegen des vor 89 Jahren ergangenen »Vernichtungsbefehls« des Generals von Trotha von Deutschland jetzt Wiedergutmachung.

Was war damals im deutschen Schutzgebiet geschehen? Ich habe dieses Thema 1972 in meiner Dissertation über »Die Anfänge der deutschen Eingeborenenpolitik in Südwestafrika 1894-1904« ausführlich abgehandelt und Wesentliches richtigstellen können. Aber wenn sich historische Legenden einmal festfressen, sind sie kaum mehr aus verkrusteten Gehirnen und deutschen Geschichtsbüchern zu entfernen.

Der von dem starken Stamm der Herero gegen die deutsche Schutzmacht initiierte und von britischen Händlern unterstützte Aufstand, die via Walvis Bay den Herero Waffen in enormen Umfang verkauften (Cecil Rhodes?), wurde verhätnismäßig rasch unter Kontrolle gebracht. Nach dem Eintreffen erheblicher militärischer Verstärkungen ging der Oberbebefehl über die deutschen Truppen von dem afrikaerfahrenen Gouverneur Leutwein auf den in afrikanischen Fragen völlig unbedarften General von Trotha über. Trotha hatte sich im Stabe des Generals von Waldersee an der Niederschlagung des Boxeraufstandes in China beteiligt und auch jene bermühmt-berüchtigte »Hunnenrede« (Pardon wird nicht gegeben) des damaligen Kaisers Wilhelm II. beim Auslaufen der Truppe gehört. Er wollte am Waterberg im Nordosten des Landes, gegen die Herero eine »Vernichtungsschlacht« in Form einer Kesselschlacht schlagen. Die Herero hatten sich an diesem beachtlichen Bergmassiv mit ihrem Vieh, das sie ähnlich wie die Massai als heilig betrachteten, mit Weibern und Kindern, mit Ziegen und Hunden zusammengezogen und erwarteten den deutschen Angriff. Dieser erfolgte. In Unkenntnis der genauen Verhältnisse und taktischer Fehler, gelang die Einkesselungsschlacht nicht, die Herero konnten mit Frauen, Kindern, Vieh und ihrem ganzen Tross ausbrechen und nach Osten flüchten. Da jagte ihnen der deutsche General jenen »Vernichtungsbefehl« hinterher, der natürlich in Berlin die Runde machte, der einen Sieg verkündete, aber eine Niederlage bemänteln sollte. Es war eine unglückliche Formulierung, die so peinlich an die trutzigen Reden jener Zeit erinnern.

Die Geschichte ist damit noch nicht abgeschlossen. Im Reichstag mehrten sich die Stimen, die die deutsche Kolonialpolitk verurteilten, insbesondere der Sozialdemokrat August Bebel tat sich hervor, der später als bezahlter Handlanger der Engländer entlarvt werden sollte. Damals machte schon die Rede von den 60.000 ermordeten Hereros die Runde, wurde jedoch von der Regierung und der Kolonialverwaltung in Windhoek widerlegt. Nach dem verlorenen Weltkrieg aber, veröffentlichten die Briten ein »Blaubuch«, in dem die 60.000-Lüge erneut fröhliche Umstände feierte. In meiner Dissertation verglich ich die Bevölkerungsschätzungen der verschiedenen Völker Südwestafrikas mit den tatsächlichen Volkszählungen nach 1907. Hier wurde deutlich, daß etwa nur 40.000 Herero zur fraglichen Zeit im Schutzgebiet gelebt hatten. Das für mich Entscheidende war aber ein Gespräch mit dem damaligen Leiter der Wasserabteilung von Südwestafrika, Herrn Stengel, das im Sommer 1971 stattfand. Ich befragte Stengel nach den Wasserquellen rund um den Waterberg. Aufgrund der meterologischen Aufzeichungen war es ein gutes Regenjahr, die beiden Hauptwasserquellen waren imstande, etwa für 6.000 Menschen sowie deren Vieh täglich Wasser zu spenden. Mehr war nicht möglich. Folglich können am Waterberg keine 60.000 Herero über Wochen versammelt, geschweige im Verlauf der kriegerischen Auseinandersetzungen »vernichtet« worden sein. Unter Vernichtung begreift man im militärischen Sprachgebrauch im übrigen nicht den Gegner »töten«, sondern ausschalten.

Ein Großteil der Herero war ins britische Betschuanaland, dem heutigen Botswana geflohen (warum wohl dorthin?), andere hatten sich in der unendlichen Weite des Landes verkrümelt. In Wirklichkeit dürften höchstens 5.000 Herero im Verlaufe des Aufstandes ums Leben gekommen sein. Von 60.000 kann also nicht gesprochen werden, soviele gab es garnicht. Aber gerade derartige Zahlenspiele, derartige Legenden und Unwahrheiten gewinnen an Gewicht, je länger an ihnen festgehalten wird. Wenn nun die Bundesrepublik Wiedergutmachungszahlungen an die Herero leisten soll, wäre sie gut beraten, wenn sie einmal in den Kolonialakten in Potsdam und Merseburg, die ja wieder zugänglich sind, nachblättern würde. Auch das Windhoeker Regierungsarchiv verfügte in den 70er Jahren über die einschlägigen Unterlagen. Das Außenministerium könnte aber auch einmal in meine Dissertation hineinschauen. Man könnte sich vielleicht ein paar Millionen D-Mark einsparen.

23. August 1993

Bereits gestern Nachmittag spürte man den sich anbahnenden Wetterwechsel; ein heißer Südwest brachte noch einmal hochsommerliche Temperaturen, für die Jahreszeit war es jedoch viel zu warm. Die Wolken zeigten den Temperatursturz schon an und heute war es auch merklich kühler. Für den Abend ist ein Wettersturz angesagt. Wenn in diesen Tagen das Wetter kippt, dann ist es mit dem Sommer endgültig vorbei. Nicht zu unrecht wird der August bereits als ein Vorbote des Winters im Volksmund bezeichnet; die Ernte ist eingebracht, auch wenn die Kartoffelfeuer noch nicht rauchen.

So ging ich heute Morgen erstmals mit der blauen Arbeitsjacke an meine Arbeit. Nach der üblichen »Hofrunde« konnte ich auch wieder ganz ins Freie.

Die Pflege des einstigen Gefängnisfriedhofes obliegt der Gefängnisgärtnerei. Und so wurde ich dort zur Arbeit im ziemlich verwahrlosten Gottesacker eingesetzt. Damit verwirklichte sich - gewollt, ungewollt - einer jener Vorsätze, die ich in den ersten Tagen meines hiesigen Aufenthaltes gefaßt hatte.

Gut dreihundert schlichte, aber eindrucksvolle Gedenkkreuze erinnern sowohl an einige Tote, die während des Krieges verstorben sind, aber auch an jene sechs oder sieben Deserteure, die 1945 unmittelbar vor Ankunft der Amerikaner in Landsberg noch erschossen wurden, vor allem aber an jene Männer, die nicht selten zwischen die Mühlen von Justiz und Rache geraten sind und von den

Amerikanern nach dem 27. August 1945 aufgehängt wurden.

Beim Mähen des Grases und beim Zusammenrechen fallen mir einige Namen von Jenen ein, die in Landsberg von den Alliierten erhängt wurden; ihre Grabstellen sind jedoch nicht auffindbar. Wie eine kundige Landsbergerin erzählte, haben viele Angehörige ihre Familienväter, die Männer oder die Söhne nach dem Ende der amerikanischen Terrorzeit exhumieren lassen und die sterblichen Überreste wurden in die Heimatorte überführt. Bei anderen kennt man gerade die Namen und das Todesdatum. In geradezu regelmäßiger Reihenfolge hatten sich die Grabzeilen gefüllt. Jeden Freitag wurden bis zu 15 zum Tode Verurteilte exekutiert und dann eingegraben.

Hier finde ich auch die Grabstätte des Gustav Petrat, des unschuldigen Dachauer Lagerkommandanten wieder, das Grabkreuz des Franz Kofler, der ebenfalls unschuldig an den Galgen mußte oder die beiden Namensschilder der Spanier, die einst als Antifaschisten auf der Seite der Rotfront für ein kommunistisches Spanien kämpften, nach dem Sieg Francos nach Frankreich flohen und nach der Niederwerfung der Franzosen durch die deutsche Wehrmacht in die Hände der Deutschen gerieten. Sie kamen in ein KZ, wurden Kapos, wurden von den Amerikanern 1945 befreit, um sofort wieder hinter Schloß und Riegel zu verschwinden. Man hatte sie denunziert. J. Halow hat ihr tragisches Schicksal in seinem Buch nachvollzogen und ihre Verfahren überprüft. Es muß schon bitter gewesen sein für die beiden Spanier, daß sie schließlich unter dem Galgen der Amerikaner endeten, die sie vom Faschismus »befreiten«. Sie hatten sich sicher ihr Schicksal anders vorgestellt.

Offenbar wird dieser Friedhof häufig besucht. Ich finde dort zahlreiche Blumenschalen, Grabkerzen und Sträuße. So sind die damals Liquidierten offenbar noch nicht ganz vergessen. Vielleicht hat ihr Tod auch einen höheren Sinn. Einer der letzten Ermordeten war Oswald Pohl. Er wurde noch am 7. Juni 1951 gehenkt.

Mit den Namen des Nürnberger Tribunals, der Dachauer Kriegsverbrecherprozesse und Landsberger Todeszellen haben die Amerikaner sich kein Ruhmesblatt zur höheren Ehre der Menschheit und der von ihnen immer wieder geforderten demokratischen Freiheiten erworben.

Einer der gewichtigsten Kritiker der amerkanischen Politik der letzten 200 Jahre, Joachim Fernau, hat vor etwa 15 Jahren ein damals besonders erfolgreiches Buch »Halleluja-Die Geschichte der Vereinigten Staaten« verfaßt. Ich wollte es hier, an »geschichtsträchtigem« Ort noch einmal lesen. Bedauerlicherweise hat die hiesige Zensur das Besorgen dieses Buches auf meine Kosten und deren Lektüre nicht gestattet, wie mir auf meinen Antrag heute mündlich eröffnet wurde. Vielleicht will man mich vor weiterem »Schaden« schützen oder steht Joachim Fernau auf einer Liste unerwünschter Autoren und Bücher? Man wird versuchen, das herauszufinden. Schluß für heute - der Ekel steigt hoch, denn »eine Zensur findet nicht statt«, auch wenn jeder ein- und ausgehende Privatbrief von der Zensur gelesen und überprüft wird.

25. August 1993

Der heutige Tag weckt Erinnerungen besonderer Art. Es ist der Geburtstag meiner Mutter und gleichzeitig der Todestag meines Stiefvaters. Meine Gedanken wandern hinüber an den Starnberger See zu meinem Elternhaus in Leoni, wo wir manche Geburtstage meiner Mutter in fröhlicher Runde verbringen, wo wir noch ihren 75. Geburtstag in einem großen Kreis von Verwandten, Freunden und Geschäftspartnern 1986 feiern konnten. Ein Streichquartett spielte unter den alten Bäumen, ich durfte als jüngster von uns vier Kindern einige passende Worte sagen. Es war ein großes Ereignis für diese feingliedrige, zarte Frau aus fränkischem Uradel, die nie viel Aufhebens aus sich machte, aber jenes preußische Ethos vorlebte, das »Mehr Sein als Scheinen« gebieterisch forderte. Ich denke auch an jene Ausstellung zur Erinnerung an den 200. Todestag Friedrich des Großen in Berlin, die wir gemeinsam mit unserem Autor Gottfried Griesmayr besuchten und anschließend Artur Axmann trafen, den letzten Reichsjugendführer. Die Ausstellung beeindruckte uns sehr und ich weiß noch, wie meine Mutter lange das Bild des sterbenden Königs betrachtete. Knapp ein Jahr später entschlief sie in ähnlich aufrechter Haltung, mit den Worten »rien ne va plus« auf den Lippen.

Der 25. August 1972 war der Todestag meines Stiefvaters. Im Alter von nur 61 Jahren starb er nach kurzer, schwerer Krankheit. In den letzten Monaten seines Lebens durfte ich mit ihm noch viele Gespräche führen. Er war eigentlich der Gegenpol zu meiner Mutter. Aus einer gutbürgerlichen Münchner Familie entstammend, verkörperte er jene Generation, die 1933 begeistert Adolf Hitler folgte, um die Fesseln von Versailles abzuschütteln. Dann kamen jene geradezu atemberaubenden Jahre des nationalen und sozialen Aufbruchs, schließlich der Krieg, das Ringen um Deutschland und letztendlich die demütigende Niederlage. Als junger Mensch war es ihm vergönnt, bis in die Führungsspitze des Dritten Reiches vorzustoßen. Sein journalistisches Können und sein unerbittliches Gespür für den Puls der Zeit vermochte ihm die glänzende Feder zu führen. Nach dem Krieg zählte er nicht zu jenen, die sich über Nacht umstellten, er blieb ein Zeuge einer dramatischen Zeit und bekannte sich zu ihr. Seinen Firmungsspruch »Sei getreu bis in den Tod, dann will ich Dir die Krone des Lebens schenken« hat er bis zum letzten Atemzug vorgelebt. Er war eine ungewöhnliche Persönlichkeit, die eher zu einer gewissen Spröde neigte, die aber ungemein Herzlichkeit, Ehrlichkeit und Selbstlosigkeit ausstrahlte.

*

Erneut hatte ich am Friedhof zu tun und kam mit einer älteren Dame ins Gespräch, die diesen Spöttinger Friedhof betreut. Sie berichtet mir, daß die Amerikaner insgesamt 279 Todesurteile hier in Landsberg vollstreckten. Sie erzählt ferner von den Bemühungen diesen Friedhof zu erhalten, berichtet von den Angehörigen und den Spenden, die geleistet werden, damit Jene, die von der Siegerjustiz gehenkt wurden, nicht vergessen werden. Sie will mir - sobald es mir möglich ist - Material über diesen Friedhof und seine bedrückende Geschichte zeigen. Natürlich frage ich sie nach Pfarrer Morgenschweis, der die »Todgeweihten« auf den letzten Weg geleitete. Sie erwähnt die vielen Unschuldigen, die hier liegen. Schließlich erinnert sie daran, daß es Polen waren, die die noch warmen Gebeine der soeben Gehenkten zum Spöttinger Friedhof schleppten und unter kräftigem Alkoholgenuß die Henkerarbeit vollendeten. Eine grausige Vorstellung, die nicht weit vom Begriff der Leichenschändung entfernt sein dürfte. Bedrückt kehren mein Arbeitskollege - ein junger Mann aus dem Raum Memmingen - und ich, in die Gefängnismauern zurück.

*

In meiner Zelle finde ich einen Brief vor, der mich ermuntern soll, ein Gnadengesuch an das Bayerische Justizministerium zu richten. Meine Überzeugung kann ich dem Antwortschreiben nicht vermitteln, da ja jeder Brief zensiert wird und ich wohl kaum zu Unrecht Gesinnungsschnüffelei vermute. Ein Gnadengesuch lehne ich aus einem ganz starken Rechtsgefühl ab. Nach wie vor fühle ich mich rechtswidrig eingesperrt und im Sinne des Grundgesetzes unschuldig, auch wenn ich die Veröffentlichung jenes Artikels von Prof. Faurisson bedauere. Darüberhinaus ist diese Strafe von sechs Monaten angesichts der furchtbaren Eindrücke in diesem Haus schon zu ertragen. Man kann uns, die wir gegen den Strom schwimmen vielleicht zum Schweigen verurteilen, ich lasse mich aber nicht verbiegen. Und ein Gnadengesuch käme einer geistigen Kapitulation gleich. Ich habe politisch stets eine kritische Stellung zum etablierten System eingenommen und werde diese Haltung nicht ändern. Ich habe mich immer zu unserer ganzen Geschichte mit ihren leidenschaftlichen Höhen und Tiefen bekannt. Stets habe ich historische Wahrheit gesucht und diese verteidigt. Wenn ich dafür hinter Gitter mußte, bin ich ein politisch Verfolgter. Ich befinde mich in gewiß guter Gesellschaft. Man muß sich nur einmal umsehen. Im Vergleich zu diesen Persönlichkeiten bin ich unbedeutend, aber ich kann dennoch und trotzdem Würde bewahren im Ringen für Freiheit von Forschung und Lehre, im Kampf für die Meinungsfreiheit.

27. August 1993

Erst jetzt fiel mir eine ausführliche Besprechung in der FAZ (17.8.1993) in die Hände. Zwei Bücher über den Südtiroler Befreiungskampf der letzten drei Jahrzehnte sind jüngst erschienen und Reinhard Olt wertet diese Arbeiten sehr positiv, bewegt sich aber dennoch etwas im Vordergründigen. Dadurch, daß einst Dr. Norbert Burger im Verlag meiner Mutter sein Programmbuch »Südtirol - wohin?« veröffentlichte, hatte ich die Möglichkeit diese gedrungene, dynamische und sympathische Persönlichkeit in vielen Gesprächen kennenzulernen. Das Buch wurde wenige Monate nach Erscheinen beschlagnahmt und es kam Mitte der sechziger Jahre in München zu einem großen Prozeß, bei dem auch mein Stiefvater, Helmut Sündermann, angeklagt wurde. Der Prozeß mußte mit einem Freispruch enden und endete auch damit. Das Recht auf freie Meinungsäußerung war damals noch nicht und wurde auch nicht beschnitten. Seitdem hat mich die Frage ethnischer Minderheiten nicht mehr losgelassen.

Die Südtirolfrage hat seinerzeit die Menschen insbesondere zwischen Alpen und Main bewegt. Nördlich dieser Linie wußte man verhältnismäßig wenig damit anzufangen, auch wenn es damals vor allem in Rheinland-Pfalz einen jungen gipfelstürmenden Politiker gab, der sich ernsthaft für die Südtiroler zu interessieren schien.

Die Frage ethnischer Minderheiten und europäischer Volksgruppen reicht weit über die Südtirolfrage hinaus. Die dort getroffene Regelung ist unbefriedigend und kann für die europäischen Volksgruppen keinen Modellcharakter haben. Europa mit seinen zahllosen Verwerfungen und Verkrustungen, die im Zusammenhang mit dem Scheitern des Kommunismus sich erneut und wieder formten, bedarf einer sinnvollen Volksgruppenpolitik.

Vom Ural bis zum Atlantik, vom Nordkap bis zum Cap Sounion kennt die Landkarte nicht nur große Nationen. Diese setzen sich aus einer unendlichen Vielzahl größerer und kleinerer Volksgruppen und Stämmen zusammen. Europa ist ein Mosaik verwandter, verbundener aber auch verfeindeter Völker und Stämme, wie das Beispiel Balkan mahnend zeigt. Natürlich kann nicht jeder Stamm und nicht jedes Völkchen seinen eigenen Staat haben. Aber die elementaren Völkerrechte sollen und müssen gerade diesen kleinen Gruppen zugebilligt werden. Kann es denn von Schaden sein, wenn eben die Elsässer ihre Kultur pflegen, wenn sie nicht nur französisch, sondern auch deutsch schwätzen dürfen? Muß Rom um seine ohnehin fragwürdige Zukunft bangen, wenn die Südtiroler Schützen wieder ihre Gebirgsstutzen tragen würden? Warum hat man Angst davor, den Katalanen oder Bretonen ihre kulturelle und sprachliche Autonomie zu geben? Ist es denn vernünftig, daß die Iren Nordirlands bei Großbritannien verbleiben müssen? Nicht ein plausibler Grund spricht dafür.

Gerade im osteuropäischen Raum, in dem langsam die Völker, sofern sie überlebt haben, sich von dem Druck der siebzigjährigen sowjetischen Herrschaft zu befreien beginnen, muß es doch Lösungen geben, die sowohl dem gesamtstaatlichen Anliegen, als auch den ethnischen Sonderwünschen der verschiedenen Volksgruppen gerecht werden?

Blicken wir auf den Balkan. Hier zerbrach 1918 durch den Vertrag von St. Germain die oft jahrhundertealte Ordnung des Habsburger Vielvölkerstaates. Die Doppelmonarchie pflegte eine für damalige Zeiten und auch für die Gegenwart vorbildliche Minderheitenpolitik, die alles Seitherige in den Schatten stellte, auch wenn durch die Schüsse von Sarajevo, abgefeuert von Gavrile Princip auf den österreichischen Thronfolger, der Erste Weltkrieg angezettelt wurde. Es ist schon eine nicht nur für Österreich, sondern für den gesamten Raum dreiste Herausforderung, wenn der Serbenführer Karadcic den serbischen Teil von Sarajevo künftig in Principograd umbenennen will. Die aus der ehemaligen Donaumonarchie entstandenen Nachfolgestaaten, deren Politiker einst in Versailles, St. Germain, Trianon und Sèvres das Blaue vom Himmel herunterlogen und wie z.B. Masaryk in der zu errichtenden Tschechoslowakei eine »Schweiz des Ostens« versprachen, aber eine grausame Minderheitenpolitik gegen Slowaken, Ungarn und Deutsche betrieben, sind mit ihren ethnischen Problemen bis zur Stunde ebensowenig wie Italien fertig geworden. Dies betrifft nicht nur den europäischen Raum, sondern auch die Nachfolgestaaten des osmanischen Reiches. Die Väter der Friedensdiktate der Jahre 1919 sind letztendlich die Verantwortlichen für die Massaker und den Genocid an europäischen Minderheiten der Gegenwart. Am Ausgang dieses Jahrhunderts sollte man die Botschaft, die diese bedrohten Völker senden, endlich erkennen. Wer von europäischer Einheit nicht nur spricht, sondern sie politisch begreifen will, muß in Straßburg neben dem bisherigen Europaparlament eine Volksgruppenkammer - analog dem deutschen Bundesrat - schaffen. Er muß das europäische Völkerpanorama anerkennen und dieses Mosaik durch eine dauerhafte Friedensordnung zu erhalten suchen. Wer aber in diesem Zusammenhang von antiquierten Nationalismen zu sprechen wagt, zeigt, daß er Geschichte weder begreift noch aus ihr zu lernen imstande ist. Eine dauerhafte europäische Völkerordnung - nur so kann Europa werden.

29. August 1993

Aus Tirol kommt merkwürdige Kunde, die kaum vorstellbar ist. Angeblich soll dort heute darüber abgestimmt werden, ob das weltberühmte Andreas Hofer-Lied »... Zu Mantua in Banden...« weiterhin die Landeshymne bleiben darf. Ein übereifriger Schullehrer hat die Kampagne gegen dieses Lied in Gang gebracht.

Der Tiroler Andreas Hofer wurde bekanntlich im Rahmen der Freiheitskriege gegen Napoleon 1809 in Mantua erschossen. Sein Kampf gegen den französischen Usurpator war neben den Aufständen in Spanien ein Fanal für Europa, das Joch des Korsen abzuschütteln. Das Lied entstand später. Von Deutschland und der deutschen Schand ist darin die Rede. Seit seiner Entstehung ist dieses Lied als Volkslied weit über die Grenzen Tirols - ganz Tirols bekannt geworden. Der darin besungene Held ist die Leitfigur der Tiroler Freiheit geworden - bis heute.

Während des Südtiroler Freiheitskampfes in den sechziger Jahren, als Italien den Südtirolern die fundamentalen Menschenrechte verweigern wollte und daraufhin die Elektrizitätsmasten in die Luft gejagt und das Mussolini-Denkmal in Bozen mehrfach durch Sprengsätze beschädigt wurde, kamen auch einige dieser südtiroler Freiheitskämpfer vor die Schranken vor allem italienischer Gerichte. Sie sangen trotzig nach ihrer Verurteilung das Andreas Hoferlied. Wer dies einmal erlebt hat, wird diese aufrechte Haltung der damals jungen Menschen nicht vergessen.

Heute sucht Österreich den Anschluß an die Europäische Gemeinschaft und hofft sich durch Wohlverhalten das Wohlwollen Roms zu erschleichen.

Mich erinnert diese Diskussion an die peinliche Debatte um die deutsche Nationalhymne. Sie wurde von Theodor Heuss und Konrad Adenauer um der Alliierten willen, beschnitten. Und kein etablierter Politiker hat bislang die Kraft, geschweige denn den Mut besessen, das Lied der Deutschen in all seinen drei Strophen wieder spielen oder singen zu lassen. Man befürchtet mahnende Stimmen des Auslandes. Wer die blutrünstigen Nationalhymnen anderer Länder hört, weiß sofort, woher der Wind weht. Ich bin gespannt, wann das Riesengebirgslied, das soeben in Bayern 1 gespielt wird mit den Worten »...deutsches Gebirge« in »europäisches Gebirge« abgewandelt wird. Der Nationalmasochismus der Deutschen ist kaum noch zu übertreffen. Es gibt nur ein Wort: Schande!

P.S.: Wie ich nach meiner Entlassung erfuhr, stimmten die Tiroler für das Andreas Hofer-Lied.

1. September 1993

Zwei beachtenswerte Trauerfeiern finden statt, meldet die Presse, nicht ohne kritischen Unterton. In Ungarn wird der ehemalige Reichsweser Admiral Horthy auf dem Familiensitz zur letzten Ruhe gebettet. Seine sterblichen Überreste werden von der Iberischen Halbinsel fast 40 Jahre nach seinem Tod in die ungarische Heimat überführt. Ebenso werden in Kürze in Polen feierlich die Gebeine des General Sikorski in polnische Erde gesenkt, nachdem der einst berühmte General, der den Kriegszielen der Alliierten des Zweiten Weltkrieges im Wege stand, bei Gibraltar mit seinem Flugzeug ins Meer gestürzt war. Und beinahe zur gleichen Zeit erhielt ich von meiner Tochter eine Karte aus Paris die den Invalidendom mit dem Sarg Kaiser Napoleon I., der 1821 auf St. Helena verstorben war und erst 1845 nach Paris überführt werden konnte, zeigt. Allen drei gemeinsam ist das Wort Schillers »Von der Parteien Gunst und Haß verwirrt, schwankt sein Charakterbild in der Geschichte«.

Verehrt oder verachtet, Verräter oder Patrioten, daran scheiden sich bis heute die Geister, zumindest bei den ersten Beiden.

Gerade diese drei Beispiele werfen die Frage nach der Aufgabe des Historikers auf. In der FAZ entbrannte darüber in den letzten Wochen eine aufschlußreiche Diskussion. Einigen ehemaligen DDR-Historikern wurde nämlich der Vorwurf gemacht, daß sie sich mit dem früheren Regime arrangiert hätten, weil sie den Aufstand des 17. Juni 1953 aus dem Geist der Macht beantwortet hätten bzw. ihn entsprechend abgehandelt haben. Der Vorwurf, erhoben von einer gewissen Historikergruppe, zeigt den Zwiespalt, in dem sich der Geschichtsschreiber zwangsläufig befinden muß. Er ist, wenn er sich mit Tagesfragen bzw. mit der Geschichte seiner Zeit auseinandersetzt, meist ein Chronist seiner Epoche. Er mag scharf beobachten, flüssig schreiben, seine Bemühungen und Kommentare können der Meinungs-, aber auch der Legendenbildung dienen. Für spätere Historiker, die die Akten und Dokumente sehen und sichten, ist das Zeugnis des zeitnahen Historikers, das Wort des Zeitzeugen von Gewicht. Aber es darf nicht Glaubensbekenntnis werden.

Historische Gestalten und historische Ereignisse sind es, die dem Wechselbad der Meinungen ausgesetzt sind, wird doch der Handelnde immer schuldig. So wurde, um auf die obengenannten Beispiele zurückzukommen, Napoleons Erschießung des Herzogs von Enghien in Frankreich selbstverständlich gerechtfertigt, außerhalb der französischen Landesgrenze schärfstens verurteilt. In St. Helena hat der dann Verbannte selbst diese Tat als Torheit bezeichnet.

Nach der Reichsgründung von 1871 entwickelte sich auf unserem Boden eine groß- und kleindeutsche Geschichtsschreibung. Hier hatte der geographische Standort besonderes Gewicht.

Natürlich wurde von offiziellen Historikern des Dritten Reiches, um nur ein Beispiel zu nennen, der 20. Juli 1944 bis zum 8. Mai 1945 aufs schärfste kritisiert, danach hatten oft die nämlichen Historiker ganz andere Erkenntnisse. Und ebenso wurde dann auch der 17. Juni 1953, der Tag des Arbeiteraufstandes in Ostberlin, in der ehemaligen DDR anders gewichtet als in der Bundesrepublik. Es wäre für den französischen Historiker aus dem Jahre 1810 tödlich gewesen, damals die erwähnte Ermordnung zu kritisieren. Kein in Deutschland lebender Historiker wagte es, bis zum 8. Mai 1945 den Widerstand zu rechtfertigen, es sei denn, er war todesmutig. Man wird kaum DDR-Historiker ausmachen können, die zwischen 1953 und 1989 nicht die Niederschlagung dieses »kapitalistischen Putschversuchs« hymnisch gelobt hätten. Zu allen Zeiten mögen die bei der Abfassung der jeweiligen und in historischen Floskeln verpackten Ergebenheitsadressen die Faust in der Tasche geballt haben. Aber da sie leben, arbeiten und forschen wollten, beugten sie sich der Macht. Wes Brot ich ess, des Lied ich sing - diese Tendenz gilt nicht nur in autoritären Regimen, auch Demokratien pflegen mit Lobpreisern anders umzugehen als mit erbarmungslosen Kritikern.

Im Trend der Zeit, mit dem Zeitgeist zu sein, ist nicht nur für den Schauspieler, den Maler oder den Bildhauer von Wert, auch der Historiker sonnt sich gerne in der Wärme und der Nähe der Macht, wenn er sich von Opportunismus lenken läßt. Auch diese Zunft besteht nicht aus Säulenheiligen oder geistigen Kamikaze-Fliegen, sondern nicht selten sind sie die Propagandisten politischer Interessen und Ideologien. Nur wenigen ist vergönnt, nur wenige sind in der Lage, sich aus den Niederungen des Zeitgeistes zu erheben und Bleibendes für die Zukunft zu formulieren.

Wir Deutschen hatten in der Vergangenheit beachtliches Glück, wir hatten große Geschichtsschreiber, die nicht nur gültig, sondern auch glänzend formulieren konnten. Es sei hier lediglich an Ranke und Mommsen, an Sybel, Srbik, Treitschke, Haller oder Scherr erinnert. Sie vertraten gewiß verschiedene Standpunkte, haben sich aber oft aus gutem Grunde von der Tagespolitik ferngehalten. Die Tatsache jedoch, daß die heutige Geschichtswissenschaft gerne den Elfenbeinturm der Lehre und Forschung verlassen und sich in die politische Auseinandersetzung begeben hat, hat ihr nachhaltig Schaden zugefügt. Wie man in den 80er Jahren den berühmt-berüchtigten Historikerstreit abgehandelt hat, zeigt den ethischen Verfall dieses Wissenschaftszweiges deutlich auf. Den anders Denkenden polemisch zu attackieren, gehört zu den Nuancen des wissenschaftlichen Geschäftes. Ihn jedoch zu diffamieren, zu verfolgen, ist eine besonders widerwärtige Eigenheit dieses Gemeinwesens, das in Geschichtslosigkeit versinken wird, weil es keine Beziehung zu Geschichte und Geschichtsschreibung hat.

Jene in der Luft zu zerreißen, die im eigenen Land als »Hofsänger« wußten, daß sie auch geistige Hofnarren sein mußten um zu überleben, ist, wenn man selbst im ruhigen, im bequemen Sessel und in richtiger Distanz sitzt, nicht nur unmoralisch, mir erscheint es infam.

Diese Leute aus der Zunft werden nicht vor der Entscheidung gestanden haben, zu der das Lutherwort »Hier stehe ich, ich kann nicht anders«, paßt. Das erfordert Mut vor Königsthronen, das erfordert Zivilcourage, die nur in seltenen, wenigen Fällen vorhanden ist. Die Beckmesserei und die Besserwisserei gehören in den westlichen Demokratien zum Handwerk. Anpassung und Wohlverhalten sind gefragt. Diese Situation ist hier nur in Nuancen anders, als in der ehemaligen DDR. Den akademischen Widerpart, den Andersdenkenden an die Wand zu drücken, gehört zu den besonderen Merkmalen in diesem Land. Daß er dann auch noch totgeschwiegen, verurteilt und ausgegrenzt wird, verwundert niemand.

Ranke fordert seine Kollegen auf »so zu schreiben, wie es wirklich war«, und Theodor Mommsen verlangte eindringlich in einem Aufsatz um die Jahrhundertwende Wahrhaftigkeit. Beide Mentoren der deutschen Geschichtsschreibung konnten nicht ahnen, daß ihre Forderung am Ausgang des 20. Jahrhunderts immer noch von Ideologien und von Opportunitätsdenken überwachsen wird.

*

Seit heute bin ich »Freigänger«! Ab nächstem Wochenende kann ich nach Hause. Von Freitag 17 Uhr bis Sonntag 18 Uhr.

2. September 1993

Mit der Traditionspflege hat sich die Bundeswehr stets schwer getan. Schon am Anfang stand das Übel, daß man statt des so bewährten deutschen Stahlhelmes sich an die amerikanische Version hielt. Die Uniform war zu Beginn unansehnlich und mußte bald umgeschneidert werden. Zu den weiteren Sündenfällen zählte auch das Konzept des Grafen Baudissin von der sog. inneren Führung, von Soldaten der alten Wehrmacht als »inneres Gewürge« belächelt. Die Offiziere der Wehrmacht, die trotz Schmähungen und Verleumdungen gegen den deutschen Soldaten sich erneut freiwillig zu den Fahnen meldeten, mußten vor einem hochnotpeinlichen Untersuchungsausschuß Rede und Anwort stehen. Zu den wesentlichsten Fragen gehörte auch »Was halten Sie vom 20. Juli 1944?« Wer die Wahrheit sagte, hatte meist keine Chance. Nur wer sich zum Widerstand gegen Eid und Befehl bekannte, wurde akzeptiert. Ein Fliegeroffizier ironisierte die Frage mit der Antwort: Das gleiche wie vom 19. und 21. Juli.« Er wurde verpflichtet, machte allerdings trotz Befähigung nicht die ganz große Laufbahn.

Zu den weiteren Problemfällen gehörte auch die Benennung zahlreicher Kasernen nach Verschwörern des 20. Juli. Oder die bis in unsere Tage anhaltende Diskussion über die General Dietl-Kaserne. Aber nicht nur die Traditionen der Deutschen Wehrmacht, die weltweit anerkannt als die tapferste des 2. Weltkrieges von Freund und Feind respektiert wird, wird geleugnet. Insgesamt hat man in Bonn kaum Beziehungen zur deutschen Wehrtradition. Dies mag auch daran liegen, daß beim Bonner Karneval die Jecken preußische Uniformen tragen. Auch bei der Beisetzung des Alten Fritz auf Schloß Sanssouci hat die Bundeswehr fast nur aus dem Hintergrund gewirkt. Ein noch weniger wäre peinlich geworden und hätte zu weiterem Kopfschütteln Anlaß gegeben.

Die neueste makabre Meldung kommt aus Berlin. Dort wird Bundesverteidigungsminister Rühe die alten Räume im Reichswehrministerium wieder beziehen. Soweit, so gut. Aber sofort berief sich der eilfertige Minister mit höheren Ambitionen ausgerechnet wieder auf den 20. Juli 1944. Der Bendlerblock am einstigen Tirpitz- und heutigen Reichspietschufer ist ein historisches Ensemble von besonderem Wert (benannt auf Antrag der CDU nach dem Rädelsführer des Kieler Matrosenaufstandes von 1918, der später füsiliert wurde). In diesen Mauern residierten nicht nur Reichswehrminister Noske und sein Nachfolger General Groener. Auch General von Seeckt (Truppe schießt nicht auf Truppe), hatte hier seinen Schreibtisch. Hier arbeiteten später Generaloberst von Fritzsch und Generaloberst von Brauchitsch als Oberbefehlshaber des Heeres, aber auch der mehr als umstrittene Admiral Canaris leitete vom Bendlerblock das Amt »Ausland/Abwehr«. So wird man sich kaum wundern, wenn in diesem Gebäude erste Pläne zum Landes- und Hochverrat ausgeheckt wurden, wenn hier sich schließlich der harte Kern der Verschwörer des 20. Juli traf und zum »letzten Gefecht« im wahrsten Sinne des Wortes zusammenkam. Es gehört zu den Lebenslügen dieser Republik, daß der gesamte Widerstand gegen Hitler heroisiert wird.

Gewiß gab es Verräter aus Überzeugung, gab es Personen, die glaubten, mehr dem Gewissen als dem Eid folgen zu müssen. Manch einer der Verschwörer gegen Hitler hatte jedoch in den Jahren des Erfolges freiwillig den Feldmarschallstab, verbunden mit üppigen Dotationen, gerne und mit einem begeisterten »Heil Hitler« in Empfang genommen. Statt jedoch nach dem gescheiterten Attentat mannhaft zur Tat zu stehen, gab es Personen, die es vorzogen, Spuren zu verwischen. Bittere Wahrheiten sind besser als fromme Lügen. Daher muß auch einmal mehr betont werden, daß im Lichthof des Oberkommandos des Heeres, Graf Stauffenberg und einige seiner Mitverschwörer genau von jenen Männern exekutiert wurden, mit denen sie den Staatsstreich vorbereitet hatten. Als dann das Attentat fehlgeschlagen war, hofften einige, die »im Geschäft« bleiben wollten, durch die rasche Beseitigung der Mitwisser ihr Leben zu retten. Auch dieser Männer wird jährlich gedacht, ohne daß ihr Kameradenmord erwähnt wird. Vielmehr wird die Liquidierung von Stauffenberg und anderen dem NS-System angelastet. Ist das die Tradition der Bundeswehr von gestern und morgen? Den Bendlerblock sollte man nicht nur auf den 20. Juli 1944 reduzieren, sondern gerade die Chance des Umzugs nutzen und sich wieder der großen deutschen Militärtraditionen erinnern, für die das Reichswehrministerium ein stolzes Symbol ist und bleibt.

3. September 1993

In Zusammenhang mit dem Todestag von Rudolf Heß fand bekanntlich in Fulda auf dem Domplatz eine Kundgebung sog. rechtsradikaler Gruppen statt. Es waren etwa 500 Personen, die geordnet demonstrierten, die weder Polizisten mit Steine bewarfen noch Polizeiwagen anzündeten, die keine Barrikaden bauten oder Molotow-Cocktails schleuderten. Dennoch mußte ein Mitglied der hessischen Landesregierung seinen Hut nehmen. Die Empörung - von der veröffentlichten Meinung angefacht - ging weit über die Grenzen der alten und neuen Bundesrepublkik hinaus.

Sofort forderten die sattsam bekannten Medienzaren Verbote und sogar schärfere Gesetze um gegen die »Ewiggestrigen« vorzugehen.

Einen ersten Erfolg kann die Journalistenhatz verbuchen. In einigen Bundesländern wurde nunmehr die »Reichskriegsflagge« verboten. Die Reichskriegsflagge geht auf den Norddeutschen Bund von 1867 zurück. Als Symbole sind vor allem das Eiserne Kreuz von 1813, eine geniale Schöpfung Schinkels, das im Balkenkreuz der Bundeswehr seine moderne Variation erfahren hat, zu nennen. Im Zentrum der Flagge steht der gekrönte preußische Adler - in manchen Ausführungen auch der kaiserliche Reichsadler - mit den Initialen Friedrich des Großen.

Was um alles in der Welt hat nun der Alte Fritz mit jenen Fahnenschwingern zu tun, die sich radikal gebärden? Diese oft kaputt erscheinenden Typen, die gewiß nicht jenen Aufbruch verkörpern, den dieses Land braucht, wissen vermutlich nicht einmal, was sie da vor sich hertragen, wenn sie sich der Symbole des alten Königreiches Preußen oder des 2. Kaiserreiches bedienen. Im Ersten Weltkrieg wurde ebenso wie in der Weimarer Republik die Reichskriegsflagge gezeigt.

Wenn man es den Trägern der Reichskriegsflagge nicht zutrauen kann und darf, daß sie wissen, welche Symbole sie benutzen, sollten es wenigstens die Innenminister des Bundes und der Länder.

Was ist, wenn von dritter Seite nunmehr gefordert wird, auch das Balkenkreuz der Bundeswehr zu nehmen, da es ja in seiner Urform in der Reichskriegsflagge aufscheint? Was geschieht, wenn man sich seitens der Skinheads plötzlich der 48er Revolution und der Farben schwarz-rot-gold erinnert und diese Symbole für die Demonstration und Aufmärsche verwendet?

Dann stellt sich auch die Frage, ob man mit Verboten derartiger Symbole wirklich etwas erreichen kann? Außer Schlagzeilen wird der Erfolg minimal sein. Den Gegner - wer auch immer das sein mag - muß man politisch bekämpfen. Wer Verbote einsetzt, scheitert. Das mußten Napoleon und Metternich erfahren. Ihre Meinungsdiktatur führte schließlich zu jener Revolution, die als Wiege des demokratischen Deutschland gilt. Die Bonner Zwerge vom Siebengebirge haben ihre Lektion nicht gelernt. Sie begreifen nicht, daß Nationalgefühl und Patriotismus meilenweit von Chauvinismus und Reaktion entfernt sind. Die Kraft der Völker aber sprengt Fesseln, Ketten und Kerker.

Daß das Bonner Establishment mehr oder weniger der verlängerte Arm der ungeliebten Amerikaner ist, wird das

Bonner Regime nicht begreifen, aber das Volk. Daß Frankfurt eine Zweigstelle der Wallstreet ist, werden weder Banker hören noch die Bonner sehen wollen. Das Volk aber weiß es. Daß eine 40jährige Mißwirtschaft dieses Volk um die verdienten Früchte seiner Arbeit gebracht hat, wissen alle, nur nicht die Bonner. Dieses System muß scheitern, ob mit oder ohne Reichskriegsflagge. Das Verbot zeigt aber die Ängste dieses Systems vor den aufmüpfig werdenden Menschen. Wann, so muß man fragen, werden die Verbote verschärft? Wann wird das Lederhosentragen verboten - weil ein gewisser Adolf Hitler diese Hosen gerne mochte? Und das Salatessen sollte auch als typisches Merkmal des Neofaschismus drakonisch bestraft werden, denn der nämliche Mann, war Vegetarier. Bei genauem Hinsehen gibt es noch ausreichende Möglichkeiten für höchst törichte Verbote.

Die Regierung ist aufgefordert, Schaden vom Volk abzuwenden.

Verbietet Salatessen, um das System zu retten!

6. September 1993

Der Hofgang ist ja für viele Insassen das wesentliche Element der täglichen Kommunikation und des Gedankenaustausches. Mein heutiger Gesprächspartner weist mich auf einen »Kollegen« hin, der derzeit große Seelenqualen zu erleiden hat. Vor Jahren hat er, aus welchen Gründen auch immer seine Frau totgeschlagen. Geistesgegenwärtig kippte er - als er des Malheurs gewahr wurde - eine Flasche Hochprozentigen, und stellte sich sogleich der Polizei. Er hat darüberhinaus drei Kinder. Sein Alkoholspiegel reichte für mildernde Umstände aus. Jetzt sucht er, die Entlassung vor Augen, eine neue Frau durch Zeitungsanzeigen. Der briefliche Kontakt klappt immer. Beim ersten Besuch freilich haben bislang alle Kandidatinnen, sobald sie die Ursache der Haft erfuhren, das Weite gesucht. Das wiederum kann dieser »Kollege« nicht begreifen. Es bereitet ihm große Seelenschmerzen.

*

Ähnlich erging es heute wohl einem Chinesen. Wir schlenderten nach der Arbeit in Richtung Südtor, als ein etwa dreißigjähriger Asiate unseren Arbeitsbeamten ansprach und ihn fragte, ob er bei dieser Firma Arbeit bekommen könne. Er wohne in Landsberg und suche Beschäftigung. Der Arbeitsbeamte, stets deutlich, verneinte energisch. Der brave Mann aus dem Reich der Mitte gab jedoch noch nicht auf. Er erklärte umständlich, daß er nichts angestellt habe, daß er fleißig sei und gerne in Deutschland arbeiten würde. In der Zwischenzeit waren wir am Südtor angekommen. »Wenn Du hier bei uns arbeiten willst, mußt Du erst etwas anstellen, wir sind hier nämlich im Gefängnis«, antwortete der Arbeitsbeamte. Während sich langsam das schwere Eisengitter öffnete, erkannte der Mann aufgrund der Arbeitskleidung, der Torwachen und der Sicherheitsmaßnahmen die scheinbare Gefahr, stammelte eine rasche Entschuldigung und rannte, was die Beine hergaben, davon.

Wir alle lachten hinterher herzlich über diese Episode und wer von uns hätte nicht gerne mit dem jungen Mann getauscht?

*

Der Senior der Gefangenen ist jetzt ein kleiner Mann mit Sonnenbrille. Er ist 84 Jahre alt. Fast blind, stützt er sich auf einen weißen Krückstock. Mir ist unwichtig, warum und weshalb er hier ist. Ich hätte aber nie gedacht, daß die Justiz so gnadenlos sein kann. Aber es gibt Menschen, Verurteilte mit Herz, und so kann dieser Mann in freiwilliger Begleitung von Gefangenen täglich seine Runden gehen. Und er geht aufrecht!

7. September 1993

Er ist der größte Filou des Hauses. Geboren an der Elfenbeinküste in Westafrika und dort aufgewachsen, fand er bald den Weg nach Europa, wurde Koch, arbeitete in Italien, Frankreich und Deutschland. Er spricht neben seiner einheimischen Muttersprache fließend deutsch, englisch, französisch und italienisch. Zuletzt arbeitete er als Soßenkoch in einem Nobelrestaurant. In München ist er verheiratet und hat mehrere Kinder. Gekonnt spielt er Fußball. Warum er den Weg hierher gefunden hat, frage ich nicht, aber er ist ein treuer und humorvoller Arbeitskollege, stets zu irgendwelchen Späßchen aufgelegt. Immer achtet er darauf, daß die Arbeitspausen pünktlich beginnen. Das Ende versteht er grundsätzlich zu verlängern. Er ist seit weit über einem Jahr im Garten beschäftigt und weiß daher, wo die besten Äpfel zu organisieren sind, die »traumhaft« schmecken, wo die reifsten Zwetschgen vom Baum geholt werden können, da es für die bayerischen Beamten zu mühsam ist, diese abzuernten. So wird unsere langweilige Speisekarte gerade jetzt im Herbst durch köstliches, frisches Obst erheblich aufgebessert, und zwar nicht nur bei uns, sondern auch bei vielen anderen Zellengenossen.

Von mir erhält er dieser Tage ein Päckchen Tabak, das ich ebenso bekam, wie mein »schwarzer Kollege« für eine ordentliche Arbeit in einem Beamtengarten. Daß wir dort auch Äpfel besorgten, haben wir natürlich niemandem gesagt. Gleich verspricht er mir Anfang Oktober einen »traumhaften« Apfelkuchen zu backen, wenn ich ihm das Päckchen Tabak gebe. Allein wie er diesen anpries und was er alles an Zutaten verwenden wollte, da läuft mir schon das Wasser im Munde zusammen. Das Geschäft wird perfekt.

Da er darüberhinaus um meine langjährigen Afrikaaufenthalte weiß, kommen wir oft und gut ins Gespräch. Montag früh ist er besonders müde. Boshafte Zungen behaupten, er besuche an den Freigangwochenenden eine Fülle von Freundinnen. Darauf angesprochen, meinte er, die Familie sei gut, aber Abenteuer sei viel besser. Wir unterhalten uns häufig. Aber Küche und Keller sind seine Lieblingsthemen. Bei dem Stichwort »Beaujolais« ist er wie elektrisiert, er trinkt ihn leidenschaftlich gerne. Auch wenn er Anhänger traditioneller afrikanischer Kultur ist und seine üppige Mähne in feine Zöpfe flicht und diese mit einer schwarzen Samtschleife à la Mozart im Nacken zusammenfaßt, meint er, daß diese Tradition ausschließlich in Afrika gelte und daß er daher durchaus in Deutschland ruhigen Gewissens dem Rotwein zusprechen dürfe. Im übrigen komme der Wein ja aus Frankreich.

Ungefähr 1,75 groß, schlank, sportlich, durchtrainiert, sieht man schon vor Arbeitsbeginn, wenn wir einrücken müssen, ob er heute Lust zur Arbeit hat oder nicht. Er weiß genau, daß er nur einmal wöchentlich ohne Arztbesuch fehlen darf. Wenn er ganz »leidend« ist, gelingt es ihm vielleicht noch einen halben Tag zusätzlich herauszulocken. Dann aber muß er unerbittlich zum Arzt. So geschah es auch letzte Woche. Mit einer Miene, die von großem Schmerz gezeichnet war, kam er zur Arbeit und wurde wunschgemäß auf die Zelle geschickt. Am Nachmittag war »großes Fußballspiel« angesagt. Als Kapitän einer der beiden Mannschaften, durfte er natürlich nicht fehlen. Er spielte begeisternd. Auch unser Arbeitsbeamter sah dies und war begeistert. Als sich jedoch am nächsten Tag erneut sein Leib vor Schmerzen krümmte, schickte ihn der Arbeitsbeamte unerbittlich zum Arzt. Natürlich fehlte ihm garnichts. Sogar der Arzt war bereit, ihn auf die Zelle zu schicken, aber der Mann von der Elfenbeinküste hatte zum zehnten Mal die Arztkarte - vergleichbar mit einem Krankenschein - vergessen. Er mußte zum Rapport. Vier Wochen Arbeitssperre, vier Wochen Einkaufsstop, vier Wochen Freigängersperre lautete das zweifellos drakonische Urteil. Arbeitssperre, das wäre leicht für ihn zu schaffen gewesen, aber die Freigängerwochenenden ohne Beaujolais, ohne Abenteuer, das war ihm zuviel. Mit den allerschlimmsten Zahnschmerzen, die man sich vorstellen kann, ging er zwei Tage später erneut zum Rapport.

Er hatte in der Zwischenzeit mitleidige Herzen gefunden, die sich für ihn einsetzten. Und seine Sperren wurden aufgehoben, wegen der Kinder, wegen des Fußballs und wegen der Familie, denn da war ja auch noch die kranke Schwiegergroßmutter und vor allem aber die großen, großen Schmerzen. Wenige Stunden später waren alle Schmerzen, alle Qualen vergessen. Er spielte im Hof ein Tischtennismatch mit größter Bravour. Als ich bei ihm vorbeikam, zwinkerte er mir listig zu und deutete damit an: Mir Schlitzohr kann Keiner!

9. September 1993

Zu den interessantesten »Neuzugängen« zählt ein bekannter Münchner Rechtsanwalt. Über viele Jahre hindurch hatte er eine Kanzleigemeinschaft mit dem früheren CSU-Oberbürgermeister. Er ist fraglos ein hochintelligenter Kopf mit sportlichen Ambitionen. Die Tatsache seiner Verurteilung und der Strafantritt haben jedoch seine Zweifel an der bayerischen Justiz geweckt und belasten ihn psychisch ganz außerordentlich. Auch mit Wehmut und einem Blick zurück im Zorn, schildert er mir lebhaft seinen Aufstieg. Wir entdecken dabei gemeinsame Studienfreunde und Kollegen aus der Zeit der 68er Krawalle an der Münchener Universität. Ich erinnere mich jetzt, schon damals den Namen Peter Gauweiler erstmals gehört zu haben, der derzeit im Rampen- und im Zwielicht als OB-Kandidat der Münchener CSU steht. Für den hervorragenden Juristen, der seit mindestens 20 Jahren gesellschaftlich in der »ersten Bundesliga« spielt, sich im Stadtrat darüberhinaus einen Namen gemacht hat, ist der Abstieg in die »Kreisklassengruppe C« zu bewältigen.

Seine Rückbesinnung auf bessere Tage und die Hoffnung auf seine Parteifreunde gibt ihm Zuversicht. Natürlich wünsche ich ihm, daß das böse Wort, das Franz Josef Strauß zugeschrieben wird, »Freund - Feind - Parteifreund« für ihn nicht Wirklichkeit werden möge, denn für Politik ist er fraglos zu gutmütig.

Es dauerte viele Tage und bedurfte zahlreicher Gespräche, bis er zu seiner inneren Ruhe zurückfand. Es ist in der Tat schlimm, einen solchen Absturz aus den Höhen der Schicki-Micki-Gesellschaft in die Enge der Landsberger Zelle durchleben zu müssen. Die Tatsache, daß einige seiner Mandanten hier schon lange Zeit einsitzen, hilft ihm. Sie kennen viele Wege, Umwege und auch »kleine Dienstwege«, um manche persönlichen Wünsche erfüllen und Probleme lösen zu können.

Ein Besuch in seiner Zelle gestaltet sich zunehmend schwierig, da hier lebhafter Betrieb herrscht, hat es sich doch herumgesprochen, daß ein guter »Anwalt« im Hause sei. Dieser rege Parteienverkehr, der an den Geschäftsbetrieb einer gut gehenden Kanzlei erinnert, erfreut ihn einerseits, andererseits ist die Möglichkeit zum persönlichen Gespräch kaum noch gegeben. So besucht er mich zunehmend häufiger und ich konnte ihm manche Anregungen vermitteln.

Seine Berichte und Erzählungen von früheren interessanten Prozessen und Verhandlungen veranlassen ihn, diese Geschichten, wie sie nur das Leben schreiben kann, zu Papier zu bringen. Sein Stil erinnert mich an sein großes Vorbild Ludwig Thoma, der einmal von einem Berufskollegen literarisch verbrämt sagte: »Er war ein Brucheinser und daher zu jeder Dummheit im königlichem Bayern fähig.« Darüberhinaus will er die erzwungene Gastfreundschaft des Bayerischen Strafvollzuges nutzen, um ein zweites Studium zu beginnen. So kann er erreichen, daß er nach seiner Freilassung wieder »erste Bundesliga« spielen kann, um seine Worte zu gebrauchen. Vorher aber, so freuen sich die hämischen Gesellschaftskritiker in unseren Reihen, wird wohl ein früherer Münchener Oberbürgermeister vielleicht nach Landsberg kommen. Und Opportunisten hoffen, dann neben diesem Herrn ihren Blechnapf löffeln zu können. Der jetzt einsitzende Anwalt legt auf einen Dauerbesuch dieses Herren keinen großen Wert. Er kennt den »Parteifreund« inzwischen zu gut und hofft auf Verlegung.

*

Eines fällt auf: je länger ich hier bin, umso freundlicher werden auch die einfachen Beamten, mit denen man täglich zu tun hat. Jetzt wird schon mal auf dem Gang oder sogar im Dienstzimmer mehr als nur ein höfliches Wort gewechselt.

12. September 1993

Ein flirrender Spätsommernachmittag, wie man ihn wohl nur südlich von München kennt. Unter einem gleißend blauen Himmel, ein paar Cirruswolken, die Alpen zum Greifen nahe. Eine typische Föhnwetterlage, wie wir sie so nur im März/April und September/Oktober erleben. Ein leichter, warmer Wind aus Südwesten umgibt uns. Das ist Oberbayern, wie es in jedem Bilderbuch, auf jeder Kitschpostkarte zu sehen ist. Die ersten gelben Lindenblätter sind gefallen, der Ahorn färbt sich in seine schönsten Farben. Die Tage sind heiß; die Abende werden kühl. Die ersten Nebel können steigen.

Wir sind auf dem Weg nach Landsberg über die Olympiastraße gefahren, bis Weilheim, den Bergen entgegen, bogen dann rechts ab und nehmen Landsberg als Ziel. Vorbei an Wessobrunn. Kurz kann ich der Tochter die Bedeutung des Wessobrunner Gebetes erklären, das früheste in Stein gehauene Zeugnis deutscher Sprache. Über zahlreiche Kurven, über kleine Seiten - und Endmoränenzüge kommen wir ins Alemannische. Der Unterschied vom bajuwarischen zum alemannischen Bayern wurde mir selten so deutlich wie auf dieser kurzen Strecke von ca. 50 Kilometern.

Hastig diktierte ich während der Fahrt meiner Frau noch wichtige Dinge, die in der bevorstehenden Woche zu erledigen sind. Auch wenn wir immer wieder in den Privatbereich hinüberwechseln wollen, das Gespräch kehrt stets auf die geschäftliche Ebene und die dort anstehenden Probleme zurück.

Kein Wunder. Erstmals seit zwei Monaten konnte ich die Landsberger Gefängnismauern als »Freigänger« hinter mir lassen und am Freitagnachmittag von meiner Frau abgeholt werden. Es waren turbulente Tage, ausgefüllt mit Schreibtischarbeit; die wichtigsten Dinge für das Herbstprogramm wollte ich ins Laufen bringen. Dann Telephonate mit einigen Autoren und Freunden. Auch hier werden verschiedene Fragen nur angerissen, aber es kommt Bewegung in das verkrustete Netz. Dann zwei geschäftliche Besuche, eine Fahrt nach München, um zwei besonders alte, wertvolle Freunde und Weggefährten zu sehen, die eigens angereist waren, um ihre Hilfe und Unterstützung in vielfältiger Form anzubieten. Und schließlich endlich wieder an einem gedeckten Tisch sitzen, von einem ordentlichen Porzellanteller zu essen. Seit zwei Monaten mal wieder ein richtiges Glas in der Hand zu drehen - und daraus trinken zu können. Auch das befriedigende Erlebnis der beiden langen Abende mit meiner Familie und dann wieder in einem normalen Bett in einem normalen Schlafanzug mit einem vernünftigem Bettlaken und unter einer Daunendecke mit einem normalen Kopfkissen schlafen zu können, all das sind Kleinigkeiten, die wahrzunehmen wohl nur ein Gefangener imstande sein kann.

Selbstverständlich sind das keine wesentlichen Erlebnisse, die keine Notiz wert wären, aber immerhin nach acht Wochen mal wieder ohne Mauern, Stacheldraht und Bewachung mit dem Hund über eine Wiese zu gehen, das ist für mich eine besondere Freude und ein lang vermißtes Erlebnis.

Unser Wagen nähert sich Landsberg. Von Ferne erblickten wir schon das kreuzförmige Gefängnis, das erste in

Deutschland, das nach amerikanischem Muster gleich nach der Jahrhundertwende gebaut wurde, wie ein Beamter kürzlich meiner Frau erklärte. Vor dem »Einrücken« noch ein privater Besuch mit zeitgeschichtlichem Hintergrund. Ich hätte mich in den Dokumenten verlieren können. Aber unerbittlich rückte der Zeiger der Uhr gegen 18 Uhr vor. Auf die Sekunde genau war ich an der Pforte. Sonst würde ich mir leicht die nächsten zwei »Freigänger-Wochenenden« verscherzen. Noch trugen meine »Genossen« und ich Zivil. Dann wurden wir von einem mürrischen Beamten, - die Flaschen gluckten in seiner ausgebeulten Aktentasche -, auf die Kammer geführt. Hier hatten wir unsere Zivilkleidung und alles Persönliche abzugeben. Wir waren wieder Nummer. Wie das Gesetz es befiehlt.

13. September 1993

Über das Fernsehen flimmerten Bilder aus Washington. Neben US-Präsidenten, Bill Clinton, der Palästinenserführer Jassir Arafat, ein enger Verwandter des einstigen Großmuftis von Jerusalem, und der Ministerpräsident von Israel, Rabin. Clinton verdeutlichte mit der Einladung nach Washington hier den »Friedensvertrag« zu unterzeichnen, keineswegs ein besonderes Maß an Gastfreundschaft für die widerspenstigen Partner, die sich ab sofort nicht mehr bekämpfen wollen. Die unausgesprochene Absicht, dieses Ereignis in Washington über die Weltbühne gehen zu lassen, ist, die Unipolarität der Vereinigten Staaten von Amerika zu demonstrieren. Clinton wollte im Beisein zweier ehemaliger US-Präsidenten und einer großen Zahl von Zuschauern, die eine willkommene Kulisse bildeten, den Anspruch auf Weltherrschaft der USA dokumentieren und unter Beweis stellen. Nicht in New York, bei den Vereinten Nationen, die ohnehin nur ein verlängerter Arm der Amerikaner sind, sondern auf dem Rasen des Weißen Hauses sollte die Welt wissen, wer die Welt regiert. Die »Pax americana« galt es erneut unter Beweis zu stellen.

Der Aufstieg der Vereinigten Staaten zur Weltmacht ist noch kein Jahrhundert alt. Mit Interesse verfolgte einst der deutsche Reichskanzler, Otto von Bismarck, die amerikanische Politik. In einem Gespräch mit Carl Schurz, der in Folge der 48er Revolution nach Amerika ausgewandert war und es dort zum Innenminister brachte, sah der Reichskanzler in den USA eine aufstrebende

Weltmacht und wunderte sich darüber, wie es möglich sei, daß eine menschliche Gesellschaft halbwegs geordnet sein könnte, in der sowenig Ehrfurcht vor den Behörden herrsche. Carl Schurz soll erwidert haben, daß das amerikanische Volk kaum soviel Selbstvertrauen und Fortschritt hätte entwickeln können, wenn an jeder Pfütze in Amerika ein Geheimrat oder Schutzmann gestanden hätte, um die Leute davor zu warnen, hineinzutreten. In einer wenig regierten Demokratie - so Schurz - können die Dinge im einzelnen zwar schlecht stehen, im ganzen aber gut. Der Eiserne Kanzler, so wird uns überliefert, soll dann nach der Meinung Amerikas über Deutschland gefragt haben. Carl Schurz soll erwidert haben, man beschäftige sich dort nicht mit der deutschen Einheit.

Das Gespräch mag gut 110 Jahre zurückliegen. Amerika hat inzwischen seinen Weg gemacht. Und dennoch lasten schwere Schatten auf der »Weltmacht No. 1«. Der britische Historiker Paul Kennedy, der Vizepräsident Al Gore berät, hat kürzlich ein aufsehenerregendes Buch über den »Aufstieg und Fall der großen Mächte« publiziert. In einem Gespräch mit dem »Spiegel« (34/1993) sieht der Gelehrte der amerikanischen Entwicklung mit großer Skepsis entgegen, wenn er sagt, »wenn die USA ihr Haushaltsdefizit beibehalten und wenn es der Industrie nicht gelingt, Innovationslücken zu schließen, dann können sie nicht die Nummer eins bleiben«. Das zweifellos aufschlußreiche Gespräch blieb den materiellen Werten verhaftet. Geistige Horizonte, die zur Führung der Welt so vonnöten wären, wurden nicht abgesteckt. Dennoch stellte der »Spiegel« die Kernfrage: »Welches

Land ist denn am besten auf das 21. Jahrhundert vorbereitet?« Kennedy: »Darauf gibt es zwei Antworten: Wir können verschiedene Nationen ausmachen, welche die notwendigen Kriterien erfüllen. Sie verfügen beispielsweise über einen hohen Ausbildungsstand für möglichst viele Menschen. Sie investieren in Forschung und Entwicklung, zeigen Interesse an neuen Technologien. Deutschland erfüllt diese Kriterien, trotz der riesigen Probleme nach der Wiedervereinigung. Auch die Schweiz, Korea und Japan genügen den Kriterien.« Spiegel: Die USA nicht? Kennedy: Die gehören nicht dazu...« Der Absturz der USA vom Thron der Weltmacht zu einer kontinentalen Regionalmacht entspricht den Voraussagen vieler ernstzunehmender Wissenschaftler, die die Welt in drei Wirtschaftsblöcke aufgeteilt sehen: Deutschland und Europa; Japan, Korea und Asien; die Vereinigten Staaten und der amerikanische Kontinent. Der russische Subkontinent wird nicht genannt.

Schon Walter Rathenau erklärte noch vor Ausbruch des Ersten Weltkrieges »Die Wirtschaft ist unser Schicksal«. Welche dieser Blöcke miteinander koalieren oder kooperieren, ist ungewiß; es gibt aber Anzeichen, die eher auf eine asiatisch-europäische Achse hindeuten, als auf eine europäisch-amerikanische oder asiatisch-amerikanische Kooperation im weltweiten Stil, auch wenn der Dollar noch die Leitwährung dieses Globus und das amerikanische Kapital die Geheimwaffe der Wallstreet ist. Nicht nur Geld und materielle Werte entscheiden m. E. über die Frage nach dem Aufstieg und Fall großer Mächte. Geistig - moralische Führung ist ebenso wesentlich. Und da hat Amerika wenig zu bieten. Dennoch kann die bange, aber kühne Frage: »Was kommt nach Amerika?« am Ausgang dieses Jahrhunderts noch nicht beantwortet werden. Allein sie zu stellen, ist Herausforderung und Hoffnung zugleich.

14. September 1993

Nur langsam kommen die Informationen über die Beendigung des Nahostdebakels über die Sender. In der gestrigen Nachrichtensendung konnten wir den geschmerzten Händedruck zwischen dem israelischen Ministepräsidenten, seinem ehemaligen Gegenspieler Arafat und - beide umarmend - den amerikanischen Präsidenten Clinton beobachten.

Mit der Selbstverwaltung in Jericho und am Gazastreifen kann nur der erste Schritt auf dem Weg zu einem dauerhaften Frieden gemacht worden sein. Israel wollte diesen Ausgleich wohl kaum; es braucht aber dringend US-amerikanische Wirtschaftshilfe und Dollars. Die Palästinsenser werden auch amerikanische und europäische Hilfe erhalten; aber sie werden mit Gewissheit das Recht auf den eigenen Palästinenserstaat in Kürze mit noch deutlicherer Sprache und mit nachhaltigeren Taten einfordern.

Das jahrzehntelange Drama in Nahost veranlaßt den aufmerksamen Beobachter zu einigen kritischen Randbemerkungen.

Wir erleben jetzt im Abstand beinahe eines Dreivierteljahrhunderts wie schlecht die Friedensmacher von Versailles, St. Germain, Trianon und Sèvres ihre Hausaufgaben gemacht haben. Die Folge dieser Verträge war nicht nur die wirtschaftliche Verelendung Deutschlands und Österreichs, auch das soziale Gefüge dieser und einiger osteuropäischer Staaten geriet ins Wanken. Vor allem aber war eine direkte Folge der Vorortverträge, daß aus ihnen nicht nur ein neuer Weltkrieg entfesselt wurde, sondern, daß auch der Nahe Osten zu einer Krisenregion wurde, deren Feuer erst jetzt gelöscht werden sollen. Drei Kriege im israelisch-arabischen Raum; der erste und der zweite Golfkrieg sowie eine unendliche Reihe von Attentaten und Terroranschlägen sind die grausige Bilanz dieses jahrzehntelangen Ringens.

Nicht unerwähnt bleiben kann der Balkan als die Eiterbeule am weichen Unterleib Europas. Tausende von Toten, Millionen von Vertriebenen sind die Folge für den zu kurzen Denkansatz der Väter von Versailles und ihrer entarteten Zöglinge in Teheran, Jalta und Potsdam.

Wer wirklich Völkerfrieden und Völkerfreiheit will, wem es wirklich um eine Weltfriedensordnung geht, muß nur kurz in die Geschichte blicken und die Geschicke der Völker, Volksgruppen und Stämme nachvollziehen und schon entsteht ein neues Bild dieses geschundenen Planeten.

Bislang sind alle Imperien gescheitert, mögen sie auch noch so geschickt ihren Herrschaftsanspruch verschleiert haben, mögen sie auch noch so brutal die unterjochten Völker unterdrückt haben.

Freiheitswille, Selbstbestimmung und Selbstverwirklichung der Völker sind hohe Ideale. Sie waren und sind stärker als Panzer, Besatzungstruppen, Wohlstand oder fremde Kulturen.

Und dennoch stellt sich die Frage: warum müssen die Völker durch Täler von Blut und Tränen wandern, warum müssen sie sich bis zur Erschöpfung bekriegen, bevor sie die Einsicht gewinnen, daß alles Morden nutzlos ist?

Der homo erectus, gut eineinhalb Millionen alt - seine Wiege liegt wohl in der Oldevai-Schlucht zwischen Serengeti und Ngrogongoro-Krater -, ist bislang nicht fähig gewesen oder wollte nicht zu der höheren Einsicht gelangen, daß auch das andere Völkerlebewesen das Recht auf Leben, das Recht auf Bodenbestellung und das Recht zu Weiterentwicklung haben muß und haben soll. Auch wenn der Krieg die Fortsetzung der Politik mit anderen Mitteln (Clausewitz) ist, so ist der Krieg zwar das entschlossenste Verteidigungsmittel, es sollte aber auch das letzte Angriffsmittel sein.

Gerade das Beispiel Nahost beweist uns zweifelsfrei, daß es nutzlos geworden ist, Kriege oder auch Partisanenkriege zu führen, sie können nicht gegen die Mehrheit von Völkern gewonnen werden. Die Amerikaner mußten diese Lehre in Vietnam und die Sowjets in Afghanistan erfahren; die europäischen Großmächte in den Befreiungskriegen der Kolonialvölker dieses Jahrhunderts. Bevor diese Einsicht wuchs und am Baum der Erkenntnis reifte, ging man den Weg der Stärke, den Weg des Grauens und der Zerstörung. Man trank den Kelch der gegenseitigen Verwüstung und Vergewaltigung bis zur bitteren Neige, bevor man sich zu einer friedlichen Lösung zusammensetzte - und sie fand. Der Mensch, als einziges Lebewesen mit einem Denkapparat ausgestattet, kann er nicht den Umweg über Grauen und Zerstörung meiden? Muß er stets dem Animalischen in seinem Trieb folgen und zerstören statt zu erhalten und zu formen?

Am Ende dieses blutgetränkten Jahrhunderts sollte gerade der europäische Mensch, der nicht nur diesem Kontinent Dome und Dichtung, Klassik und Malerei geschenkt hat, seine ganze Kraft in die friedliche Entwicklung der Kontinente einsetzen. Kann er nicht endlich nach den weltgreifenden Katastrophen jene Lösungen aufzeigen, die diesem gebeutelten Erdball inneren und äußeren Frieden versprechen?

Der Mensch als ein ordnendes Geschöpf ist Chance und Erwartung zugleich - aber droht nicht im Hintergrund bereits die Bestie Mensch, die alles Erreichte zerstört, um dann als homo sapiens wie »Phönix aus der Asche« wieder von vorne anzufangen?

15. September 1993

Die in den Zellen ausliegenden »Informationen zum Strafvollzugsgesetz - bundeseinheitliche Fassung vom Stand 1.8.1985« legen in Punkt 5, Absatz 4, klar fest: »Schreibbedarf in angemessenem Umfang stellt die Anstalt, sofern der Gefangene nicht eigenes Schreibmaterial und Briefpapier verwenden will«. Die Hausordnung sieht keine Sonderregelungen vor.

Da ich aus bestimmten Gründen in den nächsten Wochen eine Menge Schreibpapier, A-4 Kuverts und kleinere Kuverts benötige, bat ich in einem Antrag, diese Unterlagen mir vom Büro in Berg zuschicken lassen zu dürfen, da ich nicht einsehe, daß bei der ohnehin geringen Bezahlung diese Materialien beim monatlichen Einkauf besorgt werden sollen.

Der zuständige Abteilungsleiter, immerhin Regierungsdirektor, nahm sich dieses Problems persönlich an und lehnte den Antrag mit der Begründung ab, aus sicherheits- und ordnungspolitischen Gründen könne dem Antrag nicht stattgegeben werden, im übrigen würde die Gleichheitsklausel verletzt. Ich könne aber den Antrag stellen, diese Materialien vom Eigengeld beim nächsten Einkauf zu besorgen, wenn ich diese Unterlagen ausschließlich für berufliche Zwecke benötige und dieses nachweisen könne.

Dem Bescheid, der gegen das Strafvollzugsgesetz nach meiner Auffassung verstößt, ist wenig hinzuzufügen. Vom Gleichheitsgrundsatz kann man getrost Abstand nehmen, da nur ein geringer Teil der Gefangenen Schreibpapier in diesem Umfang benötigt. Der sicherheits- und ordnungspolitische Standpunkt greift ebenfalls nicht, da diese Unterlagen auf dem ganz normalen Postwege hereingeschickt und ohne Schwierigkeiten überprüft werden könnten.

Es bleibt die Frage, ob der Herr Abteilungsleiter bewußt oder unbewußt Schikane ausüben will. Was auch immer, es ist eine nicht unerhebliche Behinderung meiner beruflichen Aktivitäten.

Aber eigentlich ist er ein bedauernswerter Mann, denn mit welchen »Problemen« muß er sich nicht befassen?

17. September 1993

Meine Vorliebe für Pflanzen und Bäume, Blumen und Sträucher war schon von früher Jugend an ziemlich ausgeprägt und ich habe die Arbeit im Garten immer der für die Schule vorgezogen, sehr zum Leidwesen meiner Eltern. Da sich meiner Betätigung hier im wesentlichen auf so einfache Arbeiten wie Rasenmähen, Heurechen und Hofkehren konzentriert, fällt mein Blick umso intensiver auf die ohnehin wenig vorhandenen Blumen und die mehr oder weniger schattenspendenden Baumanlagen innerhalb dieser Mauern. Selten habe ich an Bäumen so entschiedene Umweltschäden gesehen wie hier. Insbesondere die Blätter von Eichen und Linden sind von einem schwarzen rußartigen Film überzogen und machen daher einen furchtbar traurigen, wenn nicht gar hoffnungslosen Eindruck. Es sind in der Tat Ruß- und Abgaspartikel, die sich auch an Ästen und Stämmen niederschlagen, ablagern und festkleben. Bei Blättern dieser Spezies fällt besonders die Luftverschmutzung ins Auge, da bei diesem Blattwerk durch die Oberfläche die schwarzen Rußteilchen vom Regen nicht so rasch abgewaschen werden.

In einem Vortrag vor etwa einem Jahrzehnt hatte ich einmal auf die Umweltproblematik aus unserer besonderen Sicht hingewiesen. Damals sagte ich sinngemäß, daß man zwar Mauern und Stacheldrähte niederreißen könne, verschmutztes Grundwasser, verseuchte Flüsse und umkippende Seen sowie tote Meere seien jedoch für den Erhalt und die Lebenspsyche der Völker dieses Globus noch wesentlicher. Verseuchte Luft und absterbende Wälder sind für die Existenz der Menschen dieser Erde gefährlicher als alle Waffenarsenale der Supermächte. Was ich damals nur andachte, hat in unseren Kreisen wenig Echo gefunden, dennoch hat es sich in seiner drängenden Problemstellung verstärkt. Man muß sich angesichts der wahnsinnigen Zerstörung der Natur durch den Menschen die Frage stellen, ob wir nicht in der Tat eine Fehlentwicklung der Schöpfung sind, denn kein anderes Lebewesen dieses Planeten ist mit solch selbstmöderischer Energie damit beschäftigt, seine Umwelt so zu zerstören wie der Mensch. Und die Umwelt ist unser Lebensraum. Sind wir nicht die größten Parasiten der Erde, weil wir hinter unserem Marsch durch die Jahrtausende im wahrsten Sinne des Wortes nur verbrannte Erde zurücklassen? Läßt sich dieses Verhalten noch mit dem Schöpfungsauftrag, der dem Menschen, als einem, dem einzig denkfähigen Lebewesen übertragen ist, vereinbaren? Der faustische Mensch greift im wahrsten Sinne des Wortes nach den Sternen, aber er ist unfähig, die Abfallprobleme auch nur einer mittleren Großstadt vernünftig zu lösen und unternimmt nichts, um die letzten Enziane oder das letzte Edelweiß zu retten. Was lebt, läßt sich retten, was einmal stirbt, was ausstirbt, ist für immer verloren. Im Laufe dieses Jahrhunderts sind mehr Arten für immer vergangen als in den Jahrtausenden zuvor. Befinden wir uns nicht auf einem Todesmarsch in eine seelenlose, naturferne Zukunft?

Wer in Völkern denkt, wer die Naturgesetze anzuerkennen und sich danach zu orientieren bereit ist, muß ökologisch im wahrsten Sinne des Wortes handeln, d.h.

den Erhalt der Natur zu seinen großen geistigen und politischen Zielen machen. Er wird und muß erkennen, daß die Lebewesen, daß alle Lebewesen und damit auch der Mensch, aus der Natur ihr Leben schöpfen, das zu retten, zu sichern und zu pflegen, eine Kernaufgabe ist. Es gehört meines Erachtens zum Generationenvertrag, daß wir heute dafür sorgen, daß unsere Kinder und Enkel auch morgen und übermorgen noch saubere Luft zum Atmen und reines Wasser zum Trinken haben. Auch die Nachkommen haben ein Recht, durch grüne Wälder zu gehen und über bunte Wiesen laufen zu können.

Die Problematik der Erhaltung der Lebensräume hat insbesondere in den 30er Jahren Menschen wie Adolf Seifert erheblich beschäftigt; die Autobahnen eines Prof. Todt, die in die Landschaft hineingebaut wurden, unterscheiden sich auch heute noch wohltuend von zahlreichen Nachkriegsstraßen oder insbesondere von denen quer durch die Landschaft gezogenen Autobahnen in Italien. Umweltpolitisches Denken und biologisches Handeln war aufgrund der Erfahrungen mit dem Nationalsozialismus nach 1945 über viele Jahre hinweg verpönt, es hat durch die politischen Zielsetzungen der Grünen, die sich als Protestbewegung nach der 68er Bewegung gebildet haben, einen falschen Zungenschlag bekommen.

Die politischen Zielsetzungen dieser Partei mit der Sonnenblume, sind freilich nur scheinbar auf den Erhalt der Natur ausgerichtet. Wer die Programme und die Taten der Grünen kritisch beleuchtet, wird schnell feststellen, daß sie nicht nur naturfern, weil lebensfremd, sind, sondern daß sie ihr Menschenbild auch aus der verschlissenen Mottenkiste des Marxismus beziehen. Sie meinen

Fortschrittfeindlichkeit diene der Natur und schaffe Lebensräume.

Richtig ist dagegen, daß der Mensch sich wiederfinden, daß er sich in die Natur einordnen lassen muß und deren Gesetze zu akzeptieren hat, will er überleben. Dies ist auch eine Hoffnung, die bleibt. Der Mensch hat sehr viele seiner Instinkte im Laufe seines eineinhalb Millionen jahrelangen Bestehens verloren, Ein Ur-Instinkt jedoch ist geblieben, der Wille zu überleben. Dieser Wunsch kann stärker sein und zu schöpferischen Höhenflügen führen, die notwendiger denn je sind. Die Natur läßt sich vom Menschen gewiß nicht besiegen. Das machen die Naturkatastrophen deutlich, die sich in den letzten Jahren häuften. Der Mensch, die Menschheit steht fraglos vor einem Abgrund. Die Apokalypse ist längst keine Horrorvision mehr, dennoch gibt es einen Grund zu hoffen, und das ist eben der Überlebenswille des Menschen.

Es darf nicht mehr nur um Zuwachsraten, um höhere Bruttosozialprodukte oder um neue High-Tech-Dimensionen gehen, wir müssen am Ende unseres Jahrhunderts begreifen, daß die Fähigkeit menschlichen Denkens begrenzt ist. Wir müssen uns endlich wieder unserer eigentlichen Bedeutungslosigkeit bewußt werden, und uns in den Kreislauf der Natur einordnen, wenn wir wieder zu einem vernünftigen Ausgleich zwischen Mensch und Natur finden wollen. Die Natur kann ohne den Menschen leben, der Mensch jedoch nicht ohne die Natur. Und so ist Jacques Rousseaus vor einem Vierteljahrtausend formulierte gebieterische Forderung »zurück zur Natur« mehr als ein Schlagwort. Es ist die Überlebensformel für heute und morgen.

20. September 1993

Eine schallende Ohrfeige erteilten die Wähler dem etablierten Parteiensystem. Die Christlichen Demokraten des Helmut Kohl rutschten weit unter die 30 % Marke; die Sozialdemokraten pendelten sich bei 40 % ein. Hier hatte nicht zuletzt dank des enormen Wahleinsatzes des früheren Bundeskanzlers Helmut Schmidt die SPD ein Heimspiel, das sie aber dennoch verlor! Die Freien Demokraten erreichten die notwendige Prozentmarke ebensowenig wie die beiden zur Wahl angetretenen konservativen Parteien. Die Grünen in Verbund mit Alternativen schafften 13 %. Eine Zahl, die deutlich machen kann, wie stark das Hafenstraßenmilieu bereits auf Wahlergebnisse durchschlug. Die junge Partei des CDU-Dissidenten Wegener, die immerhin 6 % einfuhr, veranschaulicht, wie stark der Wähler des Gesäusels der etablierten Parteien überdrüssig ist.

Hamburg, das deutsche Tor zur Welt, hat mit seinen Bürgern und der Bürgerschaftswahl sehr klar gezeigt, daß das Bonner Parteiensystem seinen Zenith längst überschritten hat. Die demokratische Wohlstandssonne ist im Erlöschen. Die Bonner Schönwetterdemokratie wird es schwer haben, die heraufziehenden Stürme abzuwettern.

Die Deutschen haben ein eigenartiges Verhältnis zu Führung und Politik. Schon in den Urformen demokratischer Willensbildung hatten die Germanen ihren Ting. Und wer das »Heil« versprach, wer das »Heil« hatte, wurde gewählt. Dabei ergab sich eine nicht uninteressante Führungsauslese, eine Elite, die die Stämme der Germanen und Deutschen über lange und schwierige Zeiten hinweg politisch und militärisch führte. Auch wenn sich der Wahlmodus im Laufe der Jahrzehnte und Jahrhunderte änderte und wenn aus dem »Heil« das »Gottesgnadentum« wurde, so war den Deutschen gerne klare Führung eigen. Adelsprivilegien, Bürgerstolz und harte Arbeiterhände waren es schließlich, die zu einer Umbildung der Volksgemeinschaft führten, und wieder waren es starke Persönlichkeiten, die an die Spitze der Verantwortung gestellt wurden, um dort ihre Pflicht zu tun. Uns wird gerne vom Ausland vorgeworfen, wir hätten keine politischen Gestalten wie einen Kardinal Richelieu oder einen William Pitt, aufzubieten, unser Bismarck freilich hält, was staatsmännische Voraussicht und politisches Fingerspitzengefühl angeht, längst mit beiden mit. Und dann kam, wie es Napoleon 1791 prophetisch formulierte »ein Genie, das wie ein Meteor verbrennen mußte, um sein Jahrhundert zu erleuchten«. Auch er hatte das »Heil« und die Deutschen folgten ihm gläubig, bis in die letzten Kriegstage; in einen Feldzug, der am gleichen Tag begann, an dem Napoleon einst den Njemen überschritt um seine Grande Armee nach Moskau marschieren zu lassen, die in den Weiten Rußlands ebenso verblutete, wie die Deutsche Wehrmacht Hitlers. Beide - Napoleon und Hitler - verglühten im Alter von 52 und 56 Jahren.

In der jüngsten Vergangenheit hat Konrad Adenauer 1953 - nach dem Aufstand des 17. Juni - nur einmal das »Heil« gehabt, die Mehrheit der Wähler hinter sich zu wissen und mit absoluter Mehrheit regieren zu können. Selbst der gewiss pflichtbewußte und zu eiserner Disziplin fähige Helmut Schmidt scheiterte zuletzt an seiner eigenen Partei. Die zwölf Jahre mit der CDU und Helmut Kohl haben gezeigt, daß die Deutschen zwischen »Heil« und Glück sehr wohl unterscheiden können. Sie haben Kohl nach der Wiedervereinigung nicht mit jener Machtfülle ausgestattet, die ein Konrad Adenauer 1953 erringen konnte. Es war der politische Instinkt, der die Mehrheit der Wähler davon abhielt eine Partei und einen Mann zu wählen, der die Ausstrahlungskraft eines AOK-Zweigstellenleiters von Oggersheim besitzt.

Gewiß wollen die Deutschen, gebeutelt von Rezession und Mißwirtschaft, Führung. Sie wollen wissen, wo es langgeht. Sie wollen unbequeme Wahrheiten wissen und keine geheuchelten Lügen wie nach der Wiedervereinigung.

Hier würde sich für eine konservative Oppositonspartei ein weites Feld bieten. Die Hamburger Wahl hätte eine hervorragende Generalprobe für das Superwahljahr 1994 werden können. Doch in den entsprechenden Parteizentralen spürte man nicht den Mantel der Geschichte, der mal wieder vorbeirauschte. Statt endlich zueinander zu finden, verfolgte man das Prinzip: »Getrennt marschieren - vereint geschlagen werden.«

Die Chance für einen geläuterten Patriotismus ist bei den Deutschen überall spürbar. Man will zu neuen Ufern, man ist bereit die »Schiffe zu verbrennen« und die Last der Altparteien abschütteln. Aber man will auch den neuen Kurs, den neuen Weg wissen.

Der Satz des großen Römers Marcus Tullius Cicero »Der Staatsdienst muß zum Nutzen derer geführt werden, die ihm anvertraut sind, nicht zum Nutzen derer, denen er anvertraut ist«, ist das Credo jedweder neuen Parteigruppierung.

Es muß doch möglich sein, sich auf einen gemeinsamen Nenner zu verständigen, der einige wenige, aber die wesentlichen Punkte für jenen neuen politischen Anfang enthält, der angesichts der Parteienverdrossenheit und der wachsenden Staatsmüdigkeit unumgänglich scheint.

Sollte man nicht endlich einmal darüber nachdenken, daß es neben dem Recht auch die Pflicht zur Arbeit gibt. Lohnt es sich nicht, darüber zu diskutieren, daß der Generationenvertrag wieder in seiner Wirkung zum Tragen kommt. Müssen wir Deutschen denn schon wieder uns auf allen Kriegsschauplätzen tummeln und irrsinnige Summen für das Wohl der Dritten Welt ausgeben, anstatt erst einmal dafür zu sorgen, daß in Deutschland Hunger, Not und Elend für immer gebannt werden. Muß man gegenüber der NATO und der »Schutzmacht« Amerika stets wie ein armer Sünder auftreten. Durch Wohlverhalten gewinnt man kein Wohlwollen. Müssen wir uns von einer zu erwartenden Bevölkerungsimmigration von Millionen Menschen erdrücken lassen oder sollte man nicht beizeiten »deichen«?

Der Katalog kann beliebig fortgesetzt werden. Die Themen für jenen politischen und geistigen Weg, der aus der Sackgasse führt, liegen auf der Hand. Aber es bedarf einiger Persönlichkeiten aus verschiedenen Altersstrukturen, aus verschiedenen soziologischen Gruppen, aus verschiedenen Teilen der Bundesrepublik, aus den alten und neuen Bundesländern, die Manns genug sind, sich zusammenzusetzen und das »Schwert« zu schmieden, solange es gebraucht wird. In der Bibel steht »Am Anfang war das Wort«. Am Anfang aber steht auch die Tat. Ihnen allen hat der greise Dichter Gerhard Schumann schon vor Jahren zugerufen: »Ihr habt Euch lange genug auseinandergesetzt, jetzt setzt euch endlich zusammen«.

Die Wähler sind da, die Themen sind da, die Menschen sind da, die bereit sind, nach vierzig Jahren des Irrweges, einen neuen Weg zu versuchen. Was fehlt sind Persönlichkeiten, die das »Heil« haben.

22. September 1993

Es ist der letzte Tag des Sommers, aber hoffentlich nicht der letzte Sommertag in diesem Jahr. Gerade, wenn man hier in und auf so begrenztem Raum leben und arbeiten muß, schärft sich der Blick für manchen Wandel der Jahreszeiten. Schon in der vergangenen Woche konnte ich zwischen Drahtzaun und Mauer die ersten Herbstzeitlosen entdecken, die jedes Jahr aufs neue so ein bißchen wie die ersten Krokusse aussehen, aber doch nur ein Abglanz des florensischen Jahreslaufes sind. Und dennoch freut sich das Auge an dem blassen lila, das in diesem Jahr die Modeschöpfer wieder einmal entdeckt haben sollen.

Aus meinem Zellenfenster blicke ich häufig auf eine zeitgeschichtlich nicht unbedeutende Eiche. Um den Fuß herum häufen sich bereits die braunen Blätter. Und wenn ich durch das morgendliche Gras stapfe, rascheln die gekräuselten beige-ocker-gelb gefärbten Lindenblätter unter meinen schweren Schuhen. Von den Grashalmen tropft schwerer Tau, den die fahler werdende Sonne nur noch mühsam - einem Honigsauger nicht unähnlich - weglecken kann.

In den Gärten der Beamten, in denen wir uns »vergnügen«, stehen die Dahlien stolz in voller Blüte. Mit großen vielfarbigen Strahlenkränzen gaukeln sie den Sommer vor, wohl ahnend, daß sie schon in wenigen Tagen von den ersten Nachtfrösten zur Unkenntlichkeit entstellt werden können. Aber auch die ersten Chrysanthemen - die letzten Blumen und winterharten Stauden im Jahresablauf des Gartens - sind schon voll erblüht. Sie halten sich im allgemeinen bis in die Novembertage. Dann werden sie abgeschnitten und auf die Gräber gebracht. Ein besonderer Gruß, der sich angenehm von den sonst so häßlichen und üblichem Allerheiligenrummel mit knallig gelben oder weißen Superchrysanthemen abhebt oder von den künstlich noch zur Blüte gebrachten Erika, die ja viel von ihrer ursprünglichen Frische verloren haben, weil sie zu hoch gezüchtet sind.

Während über den Buchen hier im Gelände erst ein zarter Hauch des Herbstes liegt, zeigen sich die Ahorne in ihrer ganzen Farbenpracht. Kaum ein Baum ist so malerisch, so einzigartig bunt, rot und gelb wie der Nationalbaum Kanadas. In dem heißen südwestlichen Wind, segeln die Farbtupfer leise schwingend zu Boden, wo sie rasch ihre Pracht verlierend, über kurz oder lang zusammengekehrt werden. Gerade diese Blätter haben es mir angetan. Sie vereinigen noch einmal die ganze Glut eines vergangenen Sommers, so als wollten sie zeigen, wie schön er gewesen war.

Mir fallen einige Zeilen eines Gedichtes ein, das wir einst in der Schule lernten:

»Der Nebel steigt, es fällt das Laub,
schenk ein, den Wein den holden...«

Der Nebel steigt bereits, in der Tat. Morgens, wenn wir ausrücken, ist es noch fast dunkel. Aber dann drückt die Sonne doch noch mit aller Energie durch, derer sie zur Tag- und Nachtgleiche fähig ist. Und wenig später strahlt wieder der Himmel in diesem so zauberhaften azurblau, wie ich es nur aus den Ländern des afrikanischen Raumes kenne. Es ist dieses strahlende, verführerische Blau, das nicht kalt ist, sondern Wärme vermittelt, das auf den bayerischen Kitschpostkarten jene Wetterlagen vorspiegelt, die es wahrscheinlich nur zwischen Alpen und Donau gibt, weil hier der Föhn, der ja als heißer Wind sich von Afrika über die Alpen schiebt, um dann den noch nebelverhangenen Morgen aufzureißen und den Eindruck des Hochsommers noch einmal vermittelt, auch wenns nur ein paar Stunden sein können. Denn oben ziehen die Vögel bereits. Die Stare sind schon in den Süden abgeschwirrt. Die Schwalben scheinen kurz vor dem Start zu sein. Ein Wissenschaftler erzählte mir im Februar dieses Jahres, als wir die deutschen Hausschwalben an den Seen Ostafrikas fanden, daß diese Vögel einem unbestimmten - bestimmten Instinkt folgen und innerhalb weniger Tage den drei - bis viertausend kilometerlangen Flug hinter sich bringen. Eine gewaltige Leistung dieser schnittigen kleinen Federbälle; ein gewaltiger Instinkt, den wir Menschen mit unseren degenerierten Gehirnen kaum mehr nachvollziehen können.

Vom Wein wird man hier wenig verspüren; lediglich der wilde Wein räkelt sich an den alten Festungsmauern genüßlich und färbt sich wie ein alter Beaujolais blutrot, ehe auch diese Blätter beim ersten Frost von den Ranken abfallen und schließlich auf dem Kompost landen.

Aber jetzt in diesen Tagen, zeigt die Natur noch einmal, was sie bieten kann. So, wie ein guter Gastgeber gerne Bestes aus Küche und Keller auffahren läßt, um eine frohe Runde zu erfreuen, so zieht die Natur alle Register, um den Menschen zu zeigen, daß sie es ist, die das Irdische beherrscht, daß wir denkende oder nichtdenkende Zweibeiner den unendlichen Rhythmus nicht beeinflussen, höchstens beobachten können.

23. September 1993

Noch fehlt mir die Bestätigung, aber die Nachricht aus dem Radio ist bestürzend genug: Der Kandidat des amtierenden Bundeskanzlers, Helmut Kohl, für das Amt des Bundespräsidenten, der sächsische Justizminister Steffen Heitmann, wollte in Frankfurt bei einer wichtigen Persönlichkeit einen Antrittsbesuch machen. Da er sein Flugzeug in Leipzig nicht erreichte, beschränkte sich der Besuch fast nur auf den Austausch von Grußfloskeln. Dies scheint den Frankfurter Gesprächspartner, den Vorsitzenden des Zentralrates der Juden in Deutschland, Ignaz Bubis, sehr verärgert zu haben. Soweit ich erfahren konnte, nahm er dem Mann aus Sachsen übel, daß dieser ein etwas differenzierteres Geschichtsbild der Deutschen gelernt hat, als dies heute gang und gebe ist. Dabei spricht Heitmann nur aus, was die Mehrheit des Volkes denkt. Und dann soll FDP-Mitglied Bubis ja selbst als Kandidat ins Gespräch gebracht worden sein.

Daß dem Vorsitzenden des Zentralrates der Juden in Deutschland eine Schlüsselrolle zukommt, ist nicht erst seit der Amtsführung seines Vorgängers, Heinz Galinski, bekannt. Diesem wurde ja nachgesagt, er sei der Hohe Kommissar Jerusalems in Deutschland. Der »heimliche Vizekönig«. Es ist hier weder Zeit noch Raum diesem Gerücht nachzugehen, verfügt doch Israel über hervorragende Botschaftsangehörige in Bonn und über einen äußerst fähigen israelischen Geheimdienst, wird längst hinter vorgehaltener Hand getuschelt. Nein, dazu mußte Heitmann Ignaz Bubis nicht besuchen.

Es ist auch schwer vorstellbar, daß der mit seinen Dienstpflichten ohnehin stark strapazierte CDU-Politiker nunmehr alle gesellschaftlich relevanten Kräfte in der Bundesrepublik wird aufsuchen als da sind: Parteien und Gewerkschaften, Arbeitgeberverbände und religiöse Gemeinschaften, Sportverbände oder caritative Organisationen. Nein, davon hat man auch bei früheren Präsidentschaftswahlen nichts gehört. Mir ist nicht bekannt, daß ein Theodor Heuß oder ein Gustav Heinemann ein »Kürlaufen« bei den verschiedensten Gruppierungen in diesem Lande veranstalteten.

Zweifellos nimmt dieses Amt durch das Hin- und Hergezerre Schaden. Im Rahmen der Verfassungsreform wäre man gut beraten, wenn man die Volkswahl des Bundespräsidenten in dem neuen Grundgesetz verankern würde. So könnte dem Amt mehr moralisches Gewicht verliehen werden und der Bundespräsident wäre nicht nur der erste Frühstücksdirektor dieser Republik, sondern es bestünde die Aussicht, daß dieses repräsentative Amt mit Gewicht versehen würde. Gerade auch unsere Nachbarn wie etwa Österreich haben mit der Direktwahl keine schlechten Erfahrungen gemacht. Die Bundesrepublik hingegen hat nicht selten politische Auslaufmodelle als Präsidenten vorzeigen müssen, nach der Devise: dafür reicht es noch allemal. Gerade in dem größer gewordenen Deutschland sollte man sich auf jene Artikel der Weimarer Verfassung besinnen, die in einem eng begrenzten Wahlkampf dem Wähler die Chance boten, zu entscheiden. Die Deutschen in der Weimarer Republik hatten stets eine gute Hand bei ihrer Wahl. Friedrich Ebert aber auch der populäre Feldmarschall v. Hindenburg waren wirkliche Repräsentanten, die Würde, Pflichtgefühl und Autorität ausstrahlten. Auch auf dieser Ebene könnte Bonn von Weimar lernen. Sicherlich wird es aber Stimmen geben, die lauthals rufen werden, »aber der Hindenburg hat doch den Hitler zum Kanzler gemacht«. Diesen politischen Klippschülern kann man nur sagen: erst als alle anderen Parteien versagten, entschloß sich Hindenburg, den Vorsitzenden der größten Fraktion im Reichstag zum Kanzler zu berufen. Alles andere wäre Verfassungsbruch gewesen. Und dazu war der große Feldmarschall nicht zu haben.

Auch unter diesem Blickwinkel gewinnt die häufig vertretene Forderung nach der Volkswahl des Bundespräsidenten besonderes Gewicht. Weimar war oft besser als Bonn.

27. September 1993

Aus Rußland kommen alarmierende Meldungen. Folgt der Oktoberrevolution des Jahres 1917 jetzt im Abstand von 76 Jahren eine zweite russische Revolution?

Der Machtkampf zwischen Jelzin auf der einen und dem Parlament mit Chasbulatow und Ruzkoj auf der anderen Seite hat in den letzten Wochen so an Schärfe gewonnen, daß eine Verständigung kaum mehr möglich scheint. Alles deutet auf eine Auseinandersetzung hin. Ich glaube, daß Jelzin die einzige charismatische Persönlichkeit an der russischen Führungsspitze ist, die das Rennen machen, das Parlament ausschalten kann und seine Widersacher verhaften läßt. Für die russische Seele wäre dies der normale Weg. So, wie einst Peter der Große die Strelizen erschießen ließ, kann heute im Fernsehzeitalter nicht mehr agiert werden. Daß aber Jelzin seine Widersacher beseitigen will und ausschalten wird, daran kann es keinen Zweifel geben.

Wer freilich glaubt, mit Jelzin würde die Demokratisierung Rußlands voranschreiten, wird sich getäuscht sehen. Ein so riesenhaftes Imperium, das über Jahrhunderte stets mit eiserner Faust regiert, das nur dann funktionierte, wenn selbst mit Bracchialgewalt operiert wurde, kann nicht von heute auf morgen zu einer Demokratie westlicher Prägung entwickelt werden. Weder die weißen noch die roten Zaren hielten sich an demokratische Spielregeln. Ein Narr, wer glaubt, daß nach dem Zusammenfall des Kommunismus nunmehr die Segnungen der westlichen Wertegemeinschaft über die Weiten Rußlands hereinbrechen könnten. Jelzin kann, wenn er sich behaupten will, nur mit harter Hand diesen fast unregierbaren Koloß in den Griff bekommen.

Der russische Präsident ist in den letzten Jahren zunehmend abhängig vom amerikanischen Kapital geworden. Die angekündigten Wirtschaftsreformen gehen auf die Vorschläge und Ratschläge vor allem amerikanischer Wirtschaftswissenschaftler zurück. Dies hat bei den nationalen Strömungen im Lande große Verbitterung hervorgerufen. Zu Recht wollte und will man eine eigenständige Entwicklung. Man will den Geruch der Wallstreet möglichst von Moskau fernhalten. Jelzin hat sich völlig in die Hände der Amerikaner begeben, böse Zungen meinen, er habe Rußland und sich »verkauft«. Wie auch immer, die Frage amerikanischen Kapitals und amerikanischen Einflusses spielt bei den gegenwärtigen Auseinandersetzungen eine wichtige Rolle und darf nicht unterschätzt werden. Aus Wirtschaftskreisen weiß ich, daß auch deutscherseits Bemühungen im Gange waren, auf die Wirtschaftsreformen in Rußland Einfluß zu nehmen. Die Amerikaner machten jedoch das Rennen mit Cola und Fastfood und sind dabei, die russische Wirtschaft an ihre Leine zu nehmen. Schon aus diesem Grunde mußte die Jelzin-Gruppierung die Oberhand behalten. Der amerikanische Präsident hat zudem durch seine Erklärung Partei ergriffen und durch sein Machtwort die Partie entschieden.

Natürlich erhoffen sich die Amerikaner vom riesigen russischen Markt große Gewinne. Das taten sie schon bei und nach der russischen Revolution - und sie wurden getäuscht. Während der kommunistischen Ära lieferten sie Weizen in Hülle und Fülle und erhielten so die schon marode UdSSR über viele Jahrzehnte am Leben.

Rußland wird sich langfristig nicht in das Schlepptau des amerikanischen Kapitalismus nehmen lassen wollen. Es wird seinen eigenen Weg gehen.

Zuvor aber wird Rußland noch schwere innere Probleme zu meistern haben. Dazu gehören vor allem ethnischen und religiösen Fragen, die einer dringenden Klärung bedürfen. Es wäre vermessen zu erwarten, Rußland würde diese Fragen nach westlicher Weise lösen. Hier hat sich enormer Konfliktstoff zusammengebraut und man darf gespannt sein, ob und wie die derzeitige Nomenklatura diese Krisen meistern wird, ist doch schon im demokratischen Westen eine einvernehmliche Lösung von Minderheitenproblemen nur sehr schwer möglich.

In diesem von Krisen geschüttelten Rußland wird deutlich, daß auch Jelzin seinen Nimbus und Mythos zu verlieren droht. Lange, allzulange hat er Reformen und Aufschwung versprochen. Daß er bislang erfolglos war, wird jetzt automatisch seinen Gegenspielern in die Schuhe geschoben. Aber zunehmend verstärkt sich das Gefühl, daß Chasbulatow und Ruzkoj nicht mit dem Schlagwort einer Allianz aus Kommunisten und Nationalisten weggefertigt werden können. Hier hat die russische Propaganda glänzende Vorarbeit geleistet, indem sie die beiden in die Schubladen der Ewiggestrigen steckt.

Man kann sich des Eindrucks nicht erwehren, als ob über Gegenwart und Zukunft Rußlands und seines Präsidenten noch lange nicht das letzte Wort gesprochen ist. Immer deutlicher wird, daß die bald wieder hungernden und frierenden Menschen alte Köpfe rollen und neue Köpfe an der Macht sehen wollen.

Vielleicht wird man in einigen Jahrzehnten die russische Revolution zwar mit dem Jahr 1917 beginnen, aber nicht mit der Erschießung des letzten Zaren enden lassen. Ich will nicht ausschließen, daß künftige Historiker in der russischen und sowjetischen Geschichte von 1917 an bis in unsere Gegenwart ein Kontinuum sehen, von dem man noch nicht ausmachen kann, wann dieses Interregnum beendet sein wird.

28. September 1993

Treue und Verrat sind zwei Pole, um die geradezu magnetisch unsere deutsche Geschichte kreist. Beide Elemente sind fest in unserem Nationalcharakter verwurzelt und haben Höhen und Tiefen unserer Entwicklung nachhaltig beeinflußt.

Gerade unsere schon fast vergessenene Sagenwelt und unsere schönsten Volkslieder künden von deutscher Treue. Aber neben Siegfried gibt es auch Hagen. Und hinter der Gestalt eines Arminius, der im Teutoburger Wald die Schlacht gegen Varus schlug, steht bereits der Mörder. Schon die Völkerwanderung ist gezeichnet vom Wechselspiel von Treue und Volksverrat. Waren es nicht Langobarden und Westgoten, die die Ostgoten mit in den Untergang trieben? Zwietracht statt Eintracht ist ein weiterer Wesenszug, der uns eigen ist. Wie leicht ließen und lassen wir uns von unseren Gegnern und Feinden auseinanderdividieren? Die Königs- und Kaisermorde im Mittelalter, das Ringen zwischen Kaisertum und Papsttum sind schreckliche Beispiele dieses uns so belastenden Wesenszuges. Der Dreißigjährige Krieg, als Religionskrieg entfacht, gilt als das erbitterste Ringen um die europäische Mitte. Und deutsche Fürsten, Herzöge, Barone, Grafen und sogar der Kaiser an der Spitze entblödeten sich nicht mit den Feinden des Reiches gemeinsame Sache zu machen oder den einzig fähigen Heerführer, Wallenstein, meuchlings zu morden. Er wurde Opfer der französischen Intriganten am Habsburger Hof.

Nein, wir Deutschen haben uns nicht verändert, auch wir haben ebensowenig aus der Geschichte gelernt, wie die anderen Völker. Nehmen wir ein Fallbeispiel aus diesem Jahrhundert. Da gab es die ehrenwerte Familie Weizsäcker in drei Generationen. Der erste Weizsäcker, der ins Rampenlicht rückte, war Ministerpräsident im Königreich Württemberg während des Ersten Weltkrieges. Sein Sohn Erich von Weizsäcker wurde einer der umstrittensten deutschen Diplomaten. Unter Hitler und dessen Außenministern v. Neurath und v. Ribbentrop war er zunächst Staatssekretär und wurde in den letzten Jahren mit der heiklen Aufgabe eines Botschafters im Vatikan betraut. Ein Sohn, Richard von Weizsäcker, wurde Jurist und diente während des Krieges als Offizier (sein früherer österreichischer Amtskollege hatte m.W. einen niedrigeren Offiziersrang inne). Der andere Sohn des Staatssekretärs ist Atomwissenschaftler, wurde später Kandidat der Sozialdemokraten für das Amt des Bundespräsidenten und nennt sich heute Friedensforscher. Die Aura eines Philosophen ist ihm eigen. Eine Tochter des Bundespräsidenten hat unter väterlicher Patronage ihren Doktorhut erworben. Ein anderer Namensträger macht sich zum Rahmenthema Umweltschutz einen Namen. Die Familie liegt also gut in der Zeit.

Nochmals zum Vater Weizsäcker, den NS-Staatssekretär. Er war nicht nur Diplomat auf höchster Ebene, sondern es haftet an ihm in der Zeitgeschichtsforschung auch der Geruch eines Landesverräters. Seine Kontakte verliefen vor allem nach England. Andererseits wird ihm gerade von jüdischen Autoren (Raoul Hilberg) vorgeworfen, in das Drama der Endlösung verstrickt gewesen zu sein. Aufgrund seiner Dienststelle und seines Ranges mußte der Staatssekretär von der Tragödie der Juden in Deutschland und Europa wissen. Ob er darüber mit seinen Söhnen geplaudert hat, ist nicht überliefert, darf aber wohl vorausgesetzt werden.

Nach dem Krieg wurde er von den Siegern im sog. Wilhelmstraßenprozeß vor Gericht gestellt. Sein Ankläger war der kürzlich verstorbene Robert Kempner. Hilfsverteidiger war Sohn Richard. Ein anderer Nürnberger Verteidiger, Alfred Seidl, erzählte mir vor Jahresfrist einmal, daß der junge Jurist zwar sehr tüchtig gewesen sei, sich aber »stromlinienförmig« bewegt habe und keinerlei zeitgeschichtliche Äußerungen oder Bemerkungen gemacht habe.

Angesichts des ungeheuren Wissenstandes und des einzigartigen Einflusses auf die deutsche Außenpolitik zumindest in den sechs Vorkriegsjahren, hätte der NS-Staatssekretär nach damaligen Siegerrecht gehenkt werden müssen. Da er mit wenigen Jahren Haft abgeurteilt wurde, muß er besondere Karten gehabt haben, die sich damals der Öffentlichkeit entzogen. Wenige Jahre nach seiner Freilassung - ich glaube vorzeitig - ließ er in seinem Memoirenwerk die Maske fallen und entlarvte sich als »Widerstandskämpfer«, was er entsprechend der Aktenlage auch war, da er gegen seinen Dienstherren arbeitete. Es stellt sich aber die Frage, warum er sich nicht schon spätestens Mitte der Dreißiger Jahre aus dem Auswärtigen Amt zurückgezogen und seinen Rücktritt eingereicht hat. Dies wäre nach geltendem Codex ehrenwert gewesen.

Sohn Richard von Weizsäcker machte eine glänzende Karriere in der Bundesrepublik und wurde schließlich Bundespräsident. In seiner berühmt-berüchtigten Rede zum 8. Mai 1945 hat er das schlimme Wort vom »Tag der Befreiung für uns alle« geprägt und die Vertreibung von Millionen Deutschen aus dem Osten als »unfreiwillige Wanderschaft« weggefertigt. Bei dieser »Wanderschaft« sind einige Millionen Landsleute erfroren, ertrunken, erschlagen, geschändet oder an Entkräftung gestorben.

Richard von Weizsäcker mußte die Tatsachen kennen. Er war bis kurz vor Kriegsende an der Ostfront und wurde im Ehrenblatt des Deutschen Heeres damals lobend erwähnt. Dazu bedurfte es schon außergewöhnlicher Tugenden. Dieses Dokument habe ich szt. als erster in den damals von mir herausgegebenen »Deutschen Monatsheften« publiziert. Wenig später aber tauchte der Offizier Richard von Weizsäcker im südwestdeutschen Raum auf. Er habe sich »selbst demobilisiert«, soll er angeblich später zu seiner Rechtfertigung gesagt haben. Andere (Karl Salm) haben ihn der Fahnenflucht verdächtigt.

Der noch amtierende Bundespräsident ist fraglos das Hätschelkind der bundesdeutschen Medien, vielleicht deshalb, weil er keine passende oder passend gemachte Gelegenheit ausläßt um vor allem im Ausland an deutsche Kollektivschuld und NS-Verbrechen, seien sie nun geschehen oder nicht, zu erinnern und den demokratischen Zeigefinger zu heben. Ein ausländischer Diplomat, er ist vor wenigen Jahren verstorben, erzählte mir einmal süffisant, daß man den Bundespräsidenten in Diplomatenkreisen als »Richard von Canossa« bezeichne. Seiner Reputation, seiner Glaubwürdigkeit hat es gewiß auch geschadet, daß er mit Lech Walesa zu speisen und zu parlieren beliebte, nachdem dieser Herr, der keiner ist, in der französischen Presse erklärt hatte, man müsse die Deutschen unter gewissen Voraussetzungen von der politischen Landkarte tilgen. Über Geschmack läßt sich bekanntlich streiten. Über Würde nicht. Daß der Bundespräsident aber ausgerechnet anläßlich des Todes des US-Anklägers Robert Kempner dessen Familie kondoliert hat, einem Mann, der immerhin seinen Vater hinter Schloß und Riegel gebracht hatte, ist wohl einmalig. In einem Brief des Bundespräsidialamtes vom 2. September 1993 heißt es:

»Der Bundespräsident hat der Familie des verstorbenen Herrn Professor Dr. Robert Kempner kondoliert. Der Brief war allerdings, wie dies üblich ist, nicht zur Veröffentlichung bestimmt. Dafür bitte ich um Ihr Verständnis...«

Angesichts dieser Sensibilität des hoch zu verehrenden Herrn Bundespräsidenten ist es nicht ausgeschlossen, daß er auch der Familie des ehemaligen sowjetischen Anklägers, Rudenko, bei dessen Tod gefühlvolle Zeilen übermittelte. Wir wissen auch nicht, ob er eine Beileidsadresse an den verblichenen Henker der Nürnberger Prozesse, Sergeant Woods, den die Alliierten eingesetzt hatten und der seine Opfer qualvoll sterben ließ, richtete. Was ich aber ganz sicher weiß, ist, daß er der Familie von Rudolf Heß nach dessen Tod oder Ermordung im Spandauer Vier-Mächte-Gefängnis nicht kondolierte.

Aus gutem Grund stehen Amt und Person des Bundespräsidenten unter einem besonderen Ehrenschutz. Dies ist richtig und so soll es auch bleiben. Dennoch muß auch ein Bundespräsident der öffentlichen Kritik ausgesetzt sein und er muß es sich gefallen lassen, wenn er als »Säulenheiliger« vom Sockel geholt wird.

Manchmal könnte man sich schämen ein Deutscher zu sein, denn nirgendwo anders in der Welt wird man ein Staatsoberhaupt finden, das in so flagranter Weise die nationale Würde verletzt und dann noch von den veröffentlichten Medien bejubelt wird. Dies ist nur in einem Land möglich, das nicht nur besiegt wurde, sondern auch von den Siegern und ihren deutschen Mitsiegern, den »Befreiten« gedemütigt wurde und dazu noch Beifall erheischte.

1. Oktober 1993

Ein Stoß leeren Papiers liegt vor mir. Erstmals seit fast elf Wochen sitze ich wieder an meinem privaten Schreibtisch, einem Erbstück aus der Zeit der Befreiungskriege, um die letzten Seiten dieses Tagebuches zu schreiben.

Bereits gestern abend erreichte mich ein Beschluß des Oberlandesgerichts München im Dienstzimmer, mit dem die Beschwerde meines Anwalts nachträglich zur Verhandlung beim Landgericht zugelassen wurde. Nunmehr mußte die am 29. Juli 1993 abgewiesene Beschwerde jetzt entschieden werden.

Mit dem allgäuer Unternehmer, noch im Zweiten Weltkrieg Jagflieger, der gerade in Augsburg seinen Prozeß durchkämpfen muß, saß ich noch gut eine Stunde lang zusammen. Ich brachte Tee und Kandiszucker, er spendierte Käse, Butter und Weißbrot. Wir führten ein langes Gespräch über die großen Fragen und die kleinen Probleme der Welt. Während draußen langsam die Abendsonne sank, gingen wir in einer tour d'horizon die letzten Wochen noch einmal durch. Er war mir ein guter Korrektor meiner privaten und politischen Notizen, ein Mahner und Anreger zugleich.

Am Nachmittag hatten wir frisch gemähtes Gras rechen müssen. Als ich unter der »Hitler-Eiche« das Laub zusammenkehrte, meinte ich zu dem aus Oberschlesien stammenden Arbeitsbeamten, daß ich diese Tätigkeit eigentlich ablehnen müsse, da ich wegen einer politischen Straftat verurteilt sei. Es könne nicht Sinn der notwendigen Resozialisierungsmaßnahmen sein, daß ausgerechnet ich, der ich in die geistige Nähe des Nationalsozialismus gebracht worden sei, nunmehr braune Blätter zusammenkehren müsse. Man könne nicht verlangen, daß ich dieses mit meinem Gewissen vereinbare. Der Arbeitsbeamte sah mich zunächst mißtrauisch an, sah mich noch einmal an und erwiderte dann lächelnd, ich solle gefälligst die letzten Blätter auch noch zusammenkehren. Im übrigen könne ich ja dem Herrn Abteilungsleiter einen Rapport schicken. Ob er die ganze Ironie meiner Bemerkung aufgefaßt hat, weiß ich nicht und will es auch nicht wissen.

Jedenfalls heute, gegen 10.40 Uhr, ich beschnitt gerade einige junge Bäume und versah diese mit neuen Pfosten und Manschetten, kam er eiligen Schrittes angelaufen, forderte mich auf, sofort das Werkzeug in den Keller zu bringen, da ich verlegt werden sollte. Ich vermutete in den Block C 3, d.h. auf den dritten Stock mit der Möglichkeit zum Kochen und Fernsehen, der ja speziell für Freigänger reserviert ist. Er fragte weiter, ob ich nach Straubing oder Bernau verlegt werden wolle, ich erwiderte, wenn verlegen, dann nach Hause. »Ja«, setzte er dazu, »Sie sind entlassen, sofort zur Zentrale«. Das klang gut und wir verabschiedeten uns offen und herzlich. Er hatte sich stets für mich im Rahmen seiner beschränkten Möglichkeiten eingesetzt.

Dann in die Zentrale. Von dort zur Verwaltung. Hier eröffnete man mir, wesentlich liebenswürdiger als am 14. Juli 1993, daß nunmehr die 7. Kammer des Landgerichts II der Beschwerde meines Anwalts stattgegeben habe und ich, nachdem auch der Staatsanwalt die Entlassung nicht mehr verhindern konnte, meine Klamotten packen solle und gehen könne.

Zurück in die Zelle. Meine Kameraden erfahren es schnell, es spricht sich herum. Kaffee, Tee, Kuchen, Marmelade und Kleinigkeiten werden an Jene verteilt, die es am nötigsten brauchen und mit denen ich in den letzten Wochen am meisten zusammen war. Kandiszukker und Käse erhalten auch ihren Abnehmer. Schnell sind all die kleinen Köstlichkeiten verteilt und vergeben. Und dann wird die wenige Habe in einen Karton verpackt, Schlüssel und Zellenübergabe erfolgen, dann zum Dienstzimmer um die letzten Regularien zu klären.

Als ich herauskomme, stehen etwa 15 bis 20 Personen um mich herum. Sie nehmen Abschied, einige mit feuchten Augen. Natürlich beneiden sie mich, aber freuen sich zugleich. Es ist eine ehrliche Freude, und auch ich weiß, daß ich in diesen langen Wochen Menschen in einer außergewöhnlichen Situation getroffen habe, von denen ich manche nicht vergessen werde; wenige von Ihnen sind Freunde geworden und werden auch Freunde bleiben.

Noch einmal gehe ich zurück in meinen alten Zellengang. Ich will mich von jenem Mann in seiner Zelle verabschieden, der mir in diesem Landsberger Intermezzo am nächsten gestanden hat, bei dem ich häufig Gast war und bei dem ich viele interessante Fernsehsendungen ansehen konnte und der mir die Möglichkeit bot, zahlreiche Wechselgespräche zu führen. Wir wissen beide, daß es nur ein Abschied für kurze Zeit sein wird, denn wir sind sicher, daß wir uns in Bälde an einem anderen Ort in Freiheit wiedersehen werden.

Der Weg zur Kammer ist beschwerlich, nicht daß doch ziemlich viel Habe zusammengekommen ist, aber überall werden noch Hände geschüttelt. Für den, der zurückbleibt, ist es schwerer als für den, der geht. Der »Kollege«, der erst kürzlich hier eintraf und mit dem ich viel zu sprechen hatte, hilft mir beim Tragen. Auch für ihn, der erst acht Wochen hier ist, ist es bitter, den anderen gehen zu sehen, noch dazu so überraschend. Noch einmal mache ich ihm Mut und erinnere an das Goethe-Wort:

»Allen Gewalten zum Trotz sich erhalten
nimmer sich beugen, kräftig sich zeigen
rufet die Arme der Götter herbei«.

Ein männlicher, aufmunternder Händedruck, dann folgt der letzte Akt: Die Nummer 368/93-2 wird zurückgegeben, ich erhalte meine Dokumente und Ausweise wieder. Die Kleider werden getauscht, dann folgt noch in »Begleitung« der Weg zur Kasse. Der Lohn für den September betrug immerhin DM 146,–. Die entscheidende Hürde ist die Torwache. Die letzten Fragen werden geklärt. Hier ist noch manch einer zurückgeholt worden. Ich kann das Summen des Türöffners kaum erwarten, dann endlich schließt sich hinter mir das schwere Eisentor und klappt ins Schloß. Ich atme auf, es ist gelungen, meine Notizen ohne Probleme herauszuschmuggeln.

*

Befreit und erwartungsfroh setze ich mich auf die Bank, dann spüre ich die ganze Wärme der herbstlichen Sonne. Über mir ziehen die Schwalben gen Süden. Die alte Buche rauscht im kräftigen Südwestwind. Noch einmal rollen diese doch so beschwerlichen Wochen an mir vorüber wie ein Film. Sie sind jedoch erlebtes Leben, voll Bitterkeit, Enttäuschung, Trotz und Hoffnung. Mir ist bewußt, daß sie keine körperliche Tortur waren, der psychische und pschychologische Druck kann jedoch viele Menschen beugen. Das ist wohl auch der höhere Sinn des deutschen Strafvollzuges. Ich glaube, ich bin meinen Vorsatz, »nimmer sich beugen«, treu geblieben, treu im Sinne jener Worte, die einst der Tenno Hirohito 1946 den Opfern der alliierten Siegerjustiz zugeeignet hat, die in Tokio ebenso hingerichtet wurden wie die Männer von Nürnberg oder Landsberg:

»In der Winternacht
steht der alte Föhrenbaum
unerschüttert da,
ob auch lastend schwerer Schnee
seine Zweige niederzwingt.«

Und dann fällt mir wieder die Anekdote vom Müller von Sanssouci ein, der seinem König entgegenhält: »Aber es gibt noch Richter in Berlin.« Offenbar gibt es auch noch Richter in München.

*

Ein Auto hupt, ich erwache aus meinen Gedanken. Meine Frau Linda und Tochter Angela sind da; das Ereignis kam unerwartet und die Freude ist daher übergroß. Auch für sie ist eine ganz schwierige Zeit hoffentlich bald zu Ende.

DIE DOKUMENTE

Ausfertigung m

Bayerisches Oberstes Landesgericht

BESCHLUSS

am 24.Juni 1992
in dem Strafverfahren
gegen
Dr. S u d h o l t Gert
wegen
Beleidigung u.a.

auf Antrag der Staatsanwaltschaft

b e s c h l o s s e n :

I. Die Revision des Angeklagten gegen das Urteil des Landgerichts München II vom 15.Januar 1992 wird als unbegründet verworfen, jedoch wird aus der Liste der angewendeten Vorschriften § 73 StGB gestrichen.

II. Der Beschwerdeführer hat die Kosten seines Rechtsmittels zu tragen.

<u>G r ü n d e :</u>

Die Revision ist offensichtlich unbegründet. Das Rechtsmittel wird daher gemäß § 349 Abs.2 StPO einstimmig verworfen.

Die Liste der angewendeten Vorschriften war durch Streichung des dort ebenfalls angeführten § 73 StGB zu berichtigen (Kleinknecht/Meyer StPO § 260 Rn.62), da diese Vorschrift keine den vorliegenden Fall betreffende Regelung enthält.

Kosten: § 473 Abs.1 Satz 1 StPO.

Für den Gleichlaut der Ausfertigung mit der Urschrift:
München, 25. Juni 1992
Geschäftsstelle
Bayer. Obersten Landesgerichts München
Der Urkundsbeamte:

Zellner
JAssin z.A.

Ausfertigung

LANDGERICHT MÜNCHEN II

per Postzustellung

IM NAMEN DES VOLKES!

U R T E I L

der 3. Strafkammer des Landgerichts München II
in der Strafsache gegen

Dr. S u d h o l t Gert, geb. am 6.3.1943 in München, verh., Verleger, deutscher Staatsangehöriger, wohnh. Kreuzanger 8, 8137 Berg

wegen Beleidigung u.a.

hier: Berufung des Angeklagten und der Staatsanwaltschaft gegen das Urteil des AG - Schöffengericht - Starnberg vom 13.7.1988

aufgrund der Hauptverhandlung vom

15.01.1992

,an der teilgenommen hab

I. Auf die Berufung der Staatsanwaltschaft wird das Urteil des AG Starnberg dahin abgeändert, daß der Angeklagte zu einer Freiheitsstrafe von 6 Monaten verurteilt wird. Die Vollstreckung der Freiheitsstrafe wird zur Bewährung ausgesetzt.

II. Die Berufung des Angeklagten wird als unbegründet verworfen.

III. Die im Urteil ausgesprochene Einziehung bleibt aufrechterhalten.

IV. Der Angeklagte trägt auch die Kosten des Berufungsverfahrens und seine notwendigen Auslagen.

Angew. Vorschriften: §§ 130 Nr. 1, 3, 185, 52, 74 d, 73, 56 StGB.

G r ü n d e :

I.

Das AG Starnberg - Schöffengericht - erließ am 13.7.1988 gegen den Angeklagten folgendes Urteil:

Der Angeklagte Dr. Sudholt ist schuldig eines Vergehens der Beleidigung in Tateinheit mit einem Vergehen der Volksverhetzung.

Er wird deswegen zu einer Geldstrafe von 120 Tagessätzen zu je 90,-- DM verurteilt.

82 Exemplare Heft 2 Feb. 87 38. Jahrgang, Deutsche Monatshefte, Türmer-Verlag, samt beschlagnahmte Druckunterlagen, werden eingezogen.

Der Angeklagte trägt die Kosten des Verfahrens und seine notwendigen Auslagen.

Gegen dieses Urteil ließ der Angeklagte durch seinen Verteidiger mit Schriftsatz vom 14.7.1988, eingegangen beim AG Starnberg am 15.7.1988 Rechtsmittel einlegen.

Die Staatsanwaltschaft legte gegen das Urteil mit Schriftsatz vom 15.7.1988, eingegangen bei Gericht am 16.7.1988, Berufung ein, die sie auf das Strafmaß beschränkte.

II.

Das zulässige Rechtsmittel des Angeklagten erwies sich als unbegründet; soweit die Staatsanwaltschaft Berufung eingelegt hat, hatte ihr Rechtsmittel in der Sache Erfolg.

III.

Der Angeklagte legte im Jahr 1964 das Abitur ab, arbeitete im Anschluß daran 2 Jahre als Journalist in Südafrika und im heutigen Namibia und studierte sodann ab 1966 Neuere Geschichte und Völkerkunde.

Im Jahr 1972 promovierte er in Neuerer Geschichte.

Ab 1972 arbeitete er im Druffel-Verlag, der seiner Mutter gehörte.

Er ist heute Geschäftsführer der Verlagsgesellschaft Berg, die belletristische und zeitgeschichtliche Bücher herausbringt. An der Verlagsgesellschaft ist außer ihm niemand beteiligt.

Der Angeklagte hat ein Geschäftsführergehalt von 3.600,-- DM netto, er bezahlt 1.600,-- DM Miete.

IV.

Der Angeklagte war im Jahr 1987 Herausgeber der Zeitschrift "Deutsche Monatshefte". In der Februarausgabe 1987 erschien folgender Artikel:

Auf die Wiedergabe des inkriminierten Beitrages wurde aus rechtlichen Gründen verzichtet.

Fortsetzung des Urteils S. 9

Bei dem Artikel handelt es sich um eine ursprüngliche französische Veröffentlichung, die der Angeklagte übersetzen lassen hatte. Die Zwischenzeile unter der Überschrift - Ein Beitrag zur Wahrheitsfindung - wurde von dem Angeklagten selbständig eingefügt und von ihm formuliert.

Im Impressum der Deutschen Monatshefte ist der Angeklagte als Herausgeber und für den Inhalt verantwortlich aufgeführt.

Prof. Dr. Elie Wiesel wurde dieser Artikel übermittelt; in einem Antwortschreiben vom 7.8.1987 führte Prof. Dr. Elie Wiesel aus, daß er die strafrechtliche Verfolgung dieser Leute befürworte.

V.

Der Angeklagte räumte ein, daß er Herausgeber der Deutschen Monatshefte gewesen ist, die Übersetzung des Artikels veranlaßt hatte und selbst den Untertitel eingesetzt hat. Der inkriminierte Artikel in den Deutschen Monatsheften, Ausgabe Februar 1987, wurde, ebenso wie das Antwortschreiben von Prof. Dr. Elie Wiesel, in der Hauptverhandlung verlesen.

Fortsetzung Urteil S. 19

5. Auf das Grundrecht der Meinungs- und Pressefreiheit nach Art. 5 Abs. 1 GG kann sich der Angeklagte schon deshalb nicht berufen, weil er hierdurch nicht berechtigt wird, unwahre Tatsachen zu behaupten und zu verbreiten. Wer die historische Tatsache der Judenvernichtung schlechthin leugnet, kann sich auf die Gewährleistung der Meinungs- und Pressefreiheit nicht mehr berufen (BGH, NJW 80, 45), jedenfalls dann nicht, wenn dies in verletzender Form geschieht (OLG Schleswig, MDR 78, 333). Die Äußerungen erfolgten in verletzender Form und zwar einerseits wegen der vom Autor gewählten Formulierungen ("Mythos des Gases, Vergasungslüge") und andererseits wegen der Behauptung, diese "Lügen" erfolgten um des Geschäftes willen.

6. Auch durch das Grundrecht der Wissenschafts- und Forschungsfreiheit nach Art. 5 Abs. 3 GG ist der Angeklagte bei seiner Tat nicht geschützt. Aus dem Inhalt des Artikels ergibt sich, daß Faurisson keine zeitgeschichtliche Forschung, sondern Polemik und Agitation betreiben will. Die vom Grundgesetz geschützte Wissenschafts- und Forschungsfreiheit setzt voraus, daß zumindest bei wissenschaftlich konträren Standpunkten auch auf die Gegenmeinung eingegangen und diese - wenn auch nur kurz - dargestellt wird. Eine Darstellung der Gegenmeinung erfolgt im Artikel Faurissons nicht, die Autoren von Erlebnisberich-

ten werden als Plagiatoren und Geschäftemacher diffamiert, zitiert werden andere Autoren, die dieselbe krasse Außenseitermeinung vertreten ("Revisionisten"), die wesentlichen zeitgeschichtlichen Forscher wie Kogon, Hilberg u.a. werden nur mißverständlich zitiert (vgl. Germaine Tillon), eine Auseinandersetzung findet jedoch nicht statt.

7. Bei der Staftat handelt es sich um ein Presseinhaltsdelikt. Die presserechtliche Verjährung nach Art. 15 Abs. 2 Bayer. Pressegesetz ist nicht eingetreten.

Der inkriminierte Artikel erschien in der Ausgabe 2/87 (Februar 1987) der Zeitschrift "Deutsche Monatshefte" für Politik, Geschichte, Kultur und Wirtschaft. Der Artikel wurde also frühestens Anfang Februar 1987 verbreitet.

Die Verjährung wurde erstmals durch den richterlichen Durchsuchungs- und Beschlagnahmebeschluß vom 23.6.1987 unterbrochen (§ 78 c Abs. 1 Ziff. 4 StGB); die Verjährung wurde ein weiteres Mal unterbrochen durch die Erhebung der öffentlichen Klage am 30.11.1987 (§ 78 c Abs. 1 Ziff. 6 StGB); mit Beschluß vom 23.2.1988, in dem über die Eröffnung des Hauptverfahrens durch das Schöffengericht bei dem AG Starnberg entschieden wurde, wurde die Verjährung wieder unterbrochen (§ 78 c Abs. 1 Ziff. 7 StGB); zuletzt wurde die Verjährung noch durch das Urteil des AG - Schöffengericht - Starnberg vom 13.7.1988 unterbrochen (§ 78 c Abs. 1 Ziff. 9 StGB). Die 3-Jahresfrist nach § 78 c Abs. 3 S. 2 StGB ist zum Zeitpunkt des Erlasses des Ersturteils nicht abgelaufen.

Mit dem Erlaß des Ersturteils am 23.7.1988 ist die Verjährungsfrist gehemmt (§ 78 b Abs. 3 StGB).

VII.

1. Der Strafrahmen bestimmt sich gemäß §§ 130, 52 Abs. 2 S. 1 StGB mit

Freiheitsstrafe von 3 Monaten bis zu 5 Jahren.

Für die Strafzumessung sind im wesentlichen folgende Umstände von Bedeutung:

Strafmildernd wurde berücksichtigt, daß der Angeklagte nicht vorbestraft ist und den äußeren Sachverhalt eingeräumt hat. Strafmildernd wurde berücksichtigt, daß bereits erhebliche Zeit seit der Veröffentlichung des inkriminierten Artikels vergangen ist - diese Strafmilderung wurde im doppelten Sinne berücksichtigt, sowohl im Hinblick auf den bloßen Zeitablauf als auch im Hinblick auf Art. 6 Abs. 1 MRK -.

Strafschärfend wurde berücksichtigt, daß der Angeklagte promovierter Historiker ist. Durch seine Promotion hat der Angeklagte seine Befähigung zum wissenschaftlichen Arbeiten nachgewiesen, nach eigenem Bekunden hat er sich vor allem mit Zeitgeschichte auseinandergesetzt. Der Angeklagte kannte damit besser als die große Mehrheit der Bevölkerung die Folgen agitatorischer antisemitischer Pamphlete in den Zeiten des NS-Regimes.

Straferschwerend fiel auch ins Gewicht, daß der Angeklagte durch eine Handlung zwei Straftatbestände verwirklicht hat.

In Anbetracht aller Umstände ist daher eine

Freiheitsstrafe von 6 Monaten

angemessen.

Die Vollstreckung dieser Freiheitsstrafe konnte gemäß § 56 Abs. 1 StGB zur Bewährung ausgesetzt werden, da zu erwarten steht, daß sich der Angeklagte bereits die Verurteilung zur Warnung dienen lassen und künftig keine

Straftaten mehr begehen wird. Der Angeklagte kam erstmals mit dem Strafgesetzbuch in Konflikt, die Kammer ist daher überzeugt, daß er sich bereits durch die Verurteilung entsprechend beeindrucken lassen wird.

2. Die Anordnung über die Einziehung beruht auf § 74 d StGB.

VIII.

Kosten und notwendige Auslagen: § 465 StPO.

Fr./13.2.

Für den Gleichlaut der Ausfertigung
mit der Urschrift.
München, den 19.02.1992
Geschäftsstelle des Landgerichts München II

als Urkundsbeamter der Geschäftsstelle

Justizvollzugsanstalt

Haftzeitmitteilung für Gefangene

Landsberg am Lech

Buchnummer

368/93-2

Familienname (auch Geburtsname)

S U D H O L T Dr. -M-

Vorname (Rufname unterstreichen)

Gert

Bekenntnis – Staatsangehörigkeit – Fam.-Stand und Kinderzahl

rk. dt. verh. 1(upfl.)

Wohnung

82340 Feldafing, Heimgartenstr. 4

Name und Wohnung der nächsten Angehörigen (Eltern, Ehegatten usw.)

Ehefrau: Linda S., Adr. w.o.

Letzte Entlassung (Anstalt – Tag – Art und Höhe der Strafe oder Maßregel – Sicherungsverwahrung –)

Tatgenossen

Geburtstag – Geburtsort – Kreis

06.03.43 München

Erlernter Beruf – Ausgeübte Tätigkeit

Historiker - Geschäftsführer

Zuletzt polizeilich gemeldet

w.n.

Verteidiger

Blessinger

Gestellt am

Zugeführt am – von

14.07.93 PI Starnb

Festgenommen am

14.07.93

Zahl der Vorstrafen bzw. früheren Maßregeln	Freiheitsstrafe	Jugendstrafe	Strafarrest	Geldstrafe	Jugendarrest
	Sicherungsverwahrung	Unterbringung in einem psychiatrischen Krankenhaus	Unterbringung in einer Entziehungsanstalt		Fürsorgeerziehung

I. Einweisungsbehörde – Art und Tag der Entscheidung – Geschäftsnummer LG Mü. II - 3 Ns 11 Js ..

StA München II - U.v.15.01.92 - 11 VRs 13602/87

Vermerke: Widerruf!!

Tat (Tatverdacht) – Art der Freiheitsentziehung – Strafmaß – Anzurechnende Untersuchungshaft

Beleidigung u.a. - FREIHE - 6 Mon. - UH -.-

Strafzeit: Beginn	Ablauf der Hälfte	Ablauf von zwei Drittel	Ende
14.07.93 TB		12.11.93 TE	13.01.94 TE

II. Einweisungsbehörde – Art und Tag der Entscheidung – Geschäftsnummer

Tat (Tatverdacht) – Art der Freiheitsentziehung – Strafmaß – Anzurechnende Untersuchungshaft

Strafzeit: Beginn	Ablauf der Hälfte	Ablauf von zwei Drittel	Ende

III. Einweisungsbehörde – Art und Tag der Entscheidung – Geschäftsnummer

Tat (Tatverdacht) – Art der Freiheitsentziehung – Strafmaß – Anzurechnende Untersuchungshaft

Strafzeit: Beginn	Ablauf der Hälfte	Ablauf von zwei Drittel	Ende

IV. Einweisungsbehörde – Art und Tag der Entscheidung – Geschäftsnummer

Tat (Tatverdacht) – Art der Freiheitsentziehung – Strafmaß – Anzurechnende Untersuchungshaft

Strafzeit: Beginn	Ablauf der Hälfte	Ablauf von zwei Drittel	Ende

V. Einweisungsbehörde – Art und Tag der Entscheidung – Geschäftsnummer

Tat (Tatverdacht) – Art der Freiheitsentziehung – Strafmaß – Anzurechnende Untersuchungshaft

Strafzeit: Beginn	Ablauf der Hälfte	Ablauf von zwei Drittel	Ende

Zeitpunkt des Austritts

An das
platz 10
Amtsgericht Starnberg
143
Abt.f.Strafsachen
82319 Starnberg
Gautingerstraße 10

den 22.07.1993

In der Strafsache

gegen

Dr. Gert Sudholt, geb. 6.3.1943 in München
z.Zt. JVA Landsberg

wegen Beleidigung

wurde die Strafaussetzung zur Bewährung mit Beschluß vom 19.3.1993 widerrufen.
Namens und im Auftrage des Dr.Sudholt, dessen Vollmacht hier nochmals angelegt wird,

b e a n t r a g e

ich, dem Beschwerdeführer

Wiedereinsetzung in den vorigen Stand

zu gewähren.

Gleichzeitig lege ich

sofortige Beschwerde

gegen den Beschluß vom 19.3.93 ein, mit welchem die Strafaussetzung zur Bewährung widerrufen worden ist.

Ich

b e a n t r a g e

den angefochtenen Beschluß aufzuheben, und dem Beschwerdeführer Gelegenheit zu geben, die Geldbuße innerhalb einer Woche nach Eintritt der Rechtskraft des Aufhebungsbeschlusses zu entrichten.

Zur **B e g r ü n d u n g**

führe ich folgendes aus:

I.) Zur Wiedereinsetzung:

Der angefochtene Beschluß ist am 23.3.93 durch Niederlegung beim Postamt Feldafing zugestellt worden. Weder von dieser Zustellung, noch von dem Inhalt des Beschlusses hat der Beschwerdeführer Kenntnis erlangt.

Insbesondere hat weder der Ast., noch dessen Ehefrau die Benachrichtigung von der Niederlegung erhalten. Dies ist auf den Umstand zurückzuführen, daß die Sendung, bzw die Benachrichtigung in den falschen Briefkasten gelangt ist.

Die Ehefrau des Ast. hat kürzlich eine fehlende Sendung im Briefkasten der Mitbewohner des Hauses Heimgartenstraße 4 gefunden, weil sie sich das Fehlen dieser Sendung nicht erklären konnte. Auf diese Weise sind einige, von den Eheleuten Sudholt erwartete Sendungen verloren gegangen.

Zur Glaubhaftmachung beziehe ich mich auf die anliegende eidesstattliche Erklärung der Ehefrau des Ast. vom 22.7.93.

Nachdem mir von Seiten der StA II zugesagt worden war, die Akten so zu versenden, daß ich sie am 19.7.93 erhalten werde, habe ich mangels Eingang die Akten am 20.7.93 persönlich in München abgeholt. Bei der Durchsicht habe ich festgestellt, daß der Beschluß vom 19.3.93 am 23.3.93 durch Niederlegung zugestellt worden

war. Es fehlte aber die von der Post zurückgereichte Ausfertigung, die vorhanden sein mußte, wenn die Sendung nicht abgeholt worden war.
Am 21.7.93 hatte ich Gelegenheit, die Ehefrau des Ast eingehend zu befragen, ob sie Kenntnis von der Abholung der Sendung hatte. Ein Versuch, beim Postamt Feldafing fernmündlich Auskunft zu erhalten, ist fehlgeschlagen, weil man mich auf den Schriftweg verwies. Ich habe deshalb am 22.7.93 das Postamt Feldafing persönlioch aufgesucht und die anliegende Bestätigung erhalten, aus welcher sich eine Rücksendung am 25.6.93 ergibt. Leider war die Rücksendung nicht in der Akte der StAII.
Der Postbeamte in Feldafing hat mir berichtet, es käme häufig vor, daß derartige Sendungen nicht abgeholt werden würden.

Nachdem nun der Sachverhalt vollends aufgeklärt war, habe ich mich sogleich in die JVA Landsberg begeben und mit den Ast sprechen können. Mein Mandant hatte keine Kenntnis vom Grund seiner Verhaftung, die für ihn überraschend kam. Ich habe ihm mitgeteilt, daß die Aussetzung zur Bewährung widerrufen und dieser Beschluß durch Niederlegung zugestellt worden sei. Der Ast. hat mir erklärt, er habe davon keine Kenntnis, es sei ihm auch keine Ladung zum Strafantritt zugestellt worden; schließlich habe er auch keine Aufforderung erhalten, sich zur Frage des Widerrufs zu äußern.
Es trifft nun zu, daß die mir ausgehändigten Akten der StAII mit dem Blatt 344 enden; unter den vorangegangen Blättern ab 28.9.92 (Blatt 336) habe ich keine Abschrift eines an den Ast. gerichteten Schriftstückes gefunden; dieser bekennt allerdings mit Schreiben vom 6.12.93 einen Brief des AG Starnberg erhalten zu haben.
Der Ast hat also ohne Verschulden keine Kenntnis von dem Angefochtenen Beschluß erhalten. Diese Kenntnis habe ich ihm am 22.7.93 vermittelt. Hierzu beziehe ich mich auf meine anliegende eidesstattliche Erklärung.

II.)Zur Begründung der Beschwerde führe ich aus:
Der Bf ist nicht zur Frage des Widerrufs gehört worden; er hatte auch bislang die Mittel zur Bezahlung der Geldbuße nicht zur Ver-

fügung, wohl aber die begründete Hoffnung, daß die erwarteten Gelder eingehen. Nun sind mir die Mittel zugesagt und ich bin in der Lage, die Geldbuße i.H. von 10.000,-- DM zu bezahlen, wenn die Beschwerde Erfolg haben sollte, oder auf dem Gnadenwege Haftverschonung gewährt wird. In solchen Fällen kann auch ein rechtskräftiger Beschluß aufgehoben werden (Vergl.: Kleinknecht u.a.40-.Aufl. Rz 17 zu § 453 StPO)

Rechtsanwalt

Landgericht München II
7. Strafkammer
Nymphenburger Str. 16

80335 München

den 12.08.1993
Bitte immer angeben:

S o f o r t i g e   B e s c h w e r d e

in dem Strafverfahren

gegen

Dr. Gert Sudholt, geboren am 6.3.1943, zur Zeit Justizvollzugsanstalt Landsberg

In vorbezeichneter Sache lege ich als Verteidiger des Beschwerdeführers

s o f o r t i g e   B e s c h w e r d e

gegen den Beschluß der 7. Strafkammer vom 28.7.1993 ein.

Ich beantrage, dem verurteilten Dr. Sudholt Wiedereinsetzung in den vorigen Stand zu gewähren und den Beschluß des Amtsgerichts Starnberg vom 19.03.1993 aufzuheben.

Zur

B e g r ü n d u n g

führe ich folgendes aus:

Gem. § 45 StPO muß der Antrag auf Wiedereinsetzung in den vorigen Stand binnen einer Woche nach Wegfall des Hindernisses gestellt werden. Maßgebend ist die Kenntnis des Betroffenen selbst, nicht die Kenntnis des Verteidigers.

Wie bereits in der Begründung des Wiedereinsetzungsgesuches dargetan, hatte der Verurteilte keine Kenntnis von der Fristversäumung. Diese Kenntnis wurde ihm erst durch seinen Verteidiger bei einem Besuch in der Justizvollzugsanstalt in Landsberg vermittelt.

Die Annahme der Beschwerdekammer, dem Angeklagten sei der Widerruf der Strafaussetzung bei der Verhaftung am 14.7.1993 mitgeteilt worden, ist unzutreffend. Nun kommt es aber auf die Kenntnis von dem Widerruf der Strafaussetzung nicht an, sondern auf die Kenntnis, daß eine Frist zur Beschwerde gegen diese Entscheidung versäumt worden ist. Auch diese Kenntnis wurde dem Verurteilten nicht vermittelt. Vielmehr hat er in einem Ferngespräch am Tage seiner Verhaftung seinem Verteidiger mitgeteilt, er wisse nicht, aus welchem Grunde er verhaftet worden sei.

Da der Verteidiger die Akten erst am 20.7.1993 erhalten hatte, konnte der Verteidiger erstmals feststellen, daß der angefochtene Beschluß durch Niederlegung bei der Post am 23.3.1993 zugestellt und somit die Frist versäumt war. Bedauerlicherweise waren die Akten unvollständig, weil die vom Postamt Feldafing zurückgegebene Sendung nicht enthalten war. Es mußte deshalb zunächst festgestellt werden, ob die niedergelegte Sendung abgeholt, oder ob sie zurückgereicht worden war. Wäre nämlich die Sendung abgeholt worden, so wäre die Annahme nahe gelegen, daß der Verurteilte Kenntnis von der Zustellung erhalten hat. Die Tatsache, daß die Sendung zurückgegeben worden war, hat der Verteidiger des Verurteilten erst am 22.7.1993 nach Rücksprache mit dem zuständigen Postbeamten in Feldafing erfahren. Anschließend hat der Verteidiger den Verurteilten in der Justizvollzugsanstalt in Landsberg besucht und ihn von diesen Feststellungen unterrichtet und zu diesem Sachverhalt befragt. Erst zu diesem Zeitpunkt hatte der Verurteilte Kenntnis von der Tatsache, daß das Schriftstück am 23.3.1993 zugestellt und die Frist versäumt worden war. Zum gleichen Zeitpunkt hat der Angeklagte davon Kenntnis erlangt, daß gegen die Versäumung der Frist die Wiedereinsetzung in den vorigen Stand beantragt werden könne, falls er ohne eigenes Verschulden die Frist versäumt habe. Die Frist zur Wiedereinsetzung in den vorigen Stand ist deshalb vom 22.7.1993 an zu berechnen.

Zu dem Beschluß des Amtsgerichts Starnberg, mit welchem die Aussetzung der Strafe widerrufen worden ist, konnte sich der Angeklagte bis dahin nicht äußern. In der Beschwerdeschrift ist bereits ausgeführt, daß der Angeklagte nicht über die Mittel zur Bezahlung der Geldbuße verfügt hatte, weshalb sich nun Verwandte des Verurteilten mir gegenüber bereiterklärt haben, die Geldbuße in Höhe von DM 10.000,00 unverzüglich zu bezahlen, sobald der Widerruf der Strafaussetzung aufgehoben ist.

Ausfertigung

Oberlandesgericht München

Beschluß

Der 2.Strafsenat des Oberlandesgerichts München
hat am 28. September 1993
in dem Strafverfahren gegen Dr.Gerd S u d h o l t ,
geboren am 6.3.1943 in München, zur Zeit in Strafhaft in der Justizvollzugsanstalt Landsberg a. Lech
wegen Volksverhetzung u.a.

hier: sofortige Beschwerde gegen gegen die Versagung von Wiedereinsetzung in den vorigen Stand

nach Anhörung der Staatsanwaltschaft

b e s c h l o s s e n :

I. Auf die sofortige Beschwerde des Verurteilten Dr.Gerd Sudholt wird der Beschluß der 7.Strafkammer des Landgerichts München II vom 28.Juli 1993 aufgehoben.

II. Dem Verurteilten wird Wiedereinsetzung in den Stand vor Versäumung der Frist zur Einlegung der sofortigen Beschwerde gegen den Beschluß des Amtsgerichts Starnberg vom 19.März 1993 gewährt.

III. Der Verurteilte hat die Kosten des Wiedereinsetzungsverfahrens zu tragen. Die Kosten des Beschwerdeverfahrens und die dem Verurteilten darin erwachsenen notwendigen Auslagen werden der Staatskasse auferlegt.

G r ü n d e :

I.

Das Amtsgericht Starnberg verhängte gegen den Verurteilten am 13.7.1988 - in der Fassung des Urteils des Landgerichts München II vom 15.1.1992 - eine Freiheitsstrafe von sechs Monaten, deren Vollstreckung zur Bewährung ausgesetzt wurde.

Die Strafaussetzung zur Bewährung wurde mit Beschluß des Amtsgerichts Starnberg vom 19.3.1993, zugestellt durch Niederlegung am 23.3.1993, widerrufen. Der Verurteilte wurde am 14.7.1993 in dieser Sache in Strafhaft genommen.

Gegen den Widerrufsbeschluß legte der Verurteilte mit Schriftsatz seines Verteidigers vom 22.7.1993, eingegangen am 23.7.1993, sofortige Beschwerde ein und beantragte gleichzeitig Wiedereinsetzung in den Stand vor Versäumung der Beschwerdefrist.

Mit Beschluß vom 28.7.1993 verwarf die 7.Strafkammer des Landgerichts München II den Wiedereinsetzungsantrag und die sofortige Beschwerde als unzulässig.

Gegen diesen Beschluß legte der Verurteilte mit Schriftsatz seines Verteidigers vom 12.8.1993, eingegangen am selben Tag, sofortige Beschwerde ein. Die Akten gingen beim Oberlandesgericht am 22.September 1993 ein.

II.

Das zulässige Rechtsmittel (§ 46 Abs.3, § 306 Abs.1, § 311 Abs.2 StPO), das sich ersichtlich nur gegen die Versagung der Wiedereinsetzung in den vorigen Stand wendet, hat auch in der Sache Erfolg.

Wiedereinsetzung in den vorigen Stand ist im Fall einer Fristversäumnis dann zu gewähren, wenn jemand ohne Verschulden verhindert war, die Frist einzuhalten (§ 44 StPO). Der Antrag auf Wiedereinsetzung muß jedoch binnen einer Woche nach Beseitigung der Unkenntnis gestellt werden, auf der die Fristversäumung beruht (§ 45 Abs.1 Satz 1 StPO). Beide Voraussetzungen sind hier erfüllt.

Der Auffassung des Landgerichts, daß die Wochenfrist des § 45 StPO deshalb versäumt worden sei, weil dem Verurteilten spätestens bei seiner Festnahme am 14.7.1993 der Widerruf der Strafaussetzung zur Bewährung "und damit der amtsgerichtliche Beschluß vom 19.3.1993 bekannt wurde", vermag der Senat nicht zu folgen. Selbst wenn dies nämlich zutreffen sollte - was der Verurteilte bestreitet - hatte er damit jedenfalls nicht auch schon Kenntnis von der Zustellung erlangt, insbesondere Gelegenheit erhalten, von dem Gegenstand der Zustellung Kenntnis zu nehmen. Erst ab diesem Zeitpunkt, fällt das Hindernis im Sinne des § 45 StPO weg (vgl. Löwe-Rosenberg, StPO, 24.Aufl., Rn.7 zu § 45). Vorher ist einem Antragsteller ein schlüssiger Vortrag, daß er die Frist ohne sein Verschulden versäumt habe, auch gar nicht möglich. Der eidesstattlichen Versicherung seines Verteidigers vom 22.7.1993 zufolge war ihm die Zustellung und deren Durchführung sowie der Widerrufsbeschluß vom 19.3.1993 erst am 22.7.1993 aufgrund der Ermittlungen des Verteidigers bekanntgeworden. Der am

23.7.1993 eingegangene Wiedereinsetzungsantrag ist somit rechtzeitig angebracht worden und damit zulässig.

Er ist auch begründet, weil den Verurteilten nach der eidesstattlichen Versicherung seiner Ehefrau vom 22.7.1993, kein eigenes Verschulden an der unterbliebenen Kenntnisnahme von dem sich möglicherweise im Briefkasten befindlichen Benachrichtigungszettel über die Niederlegung trifft. Weil der Verurteilte an Arbeitstagen vor der Ankunft des Postboten außer Haus geht, ist es ihrre Aufgabe, Post in Empfang zu nehmen oder den Briefkasten auszuleeren, was sie auch stets getan hat. Eine Benachrichtigungskarte über eine Niederlegung hat sie nicht vorgefunden. Selbst wenn sie ein solches Schriftstück übersehen haben sollte, würde das nicht dem Verurteilten zum Verschulden gereichen, so daß es nicht darauf ankommt, ob der Benachrichtigungszettel in den richtigen Briefkasten eingelegt wurde oder nicht.

Die Kosten des Beschwerdeverfahrens hat in entsprechender Anwendung der §§ 467, 473 Abs.3 StPO die Staatskasse zu tragen. Die Kosten der Wiedereinsetzung fallen nach § 473

Abs.7 StPO dem Verurteilten zur Last.

Für den Gleichlaut der Ausfertigung mit der Urschrift.
München, den 28.9.1993
Die Urkundsbeamtin der Geschäftsstelle:

Justizangestellte

Ausfertigung

Strafverfahren gegen Dr. Gerd S u d h o l t , geb. 6.3.1943
wegen § 185 ff. StGB
<u>hier:</u> Bewährungswiderruf

<u>B e s c h l u ß</u>

der 7. Strafkammer des Landgerichts München II

<u>vom 1.10.1993</u>

I. Auf die sofortige Beschwerde des Verurteilten wird der Beschluß des Amtsgerichts Starnberg vom 19.3.1993 aufgehoben. Die Sache wird an das Amtsgericht Starnberg zurückverwiesen.

II. Die weiteren Kosten des Beschwerdeverfahrens und die dem Verurteilten darin erwachsenen notwendigen Auslagen werden der Staatskasse auferlegt.

<u>Gründe:</u>

I.

Das Amtsgericht Starnberg widerrief am 19.3.1993 die durch Urteil des Landgerichts München II vom 15.1.1992 gewährte Strafaussetzung zur Bewährung. Gegen diese Entscheidung wendet sich der Verurteilte mit der mit Schriftsatz seines Verteidigers vom 22.7..1993, eingegangen am 23.7.1993, eingelegten sofortigen Beschwerde.
Da dem Verurteilten mit Beschluß des 2. Strafsenats des Oberlandesgerichts München vom 28.9.1993 (2 Ws 1165/93) Wiedereinsetzung in den Stand vor Versäumung der Frist zur Einlegung der sofortigen Beschwerde gegen den amtsgerichtlichen Beschluß gewährt wurde, war nunmehr über die Begründetheit der sofortigen Beschwerde zu entscheiden.
Dr. Sudholt befindet sich seit 14.7.93 in Strafhaft in der JVA Landsberg.

II.

Gemäß ständiger Rechtsprechung (OLG Düsseldorf StV 87, 257; LG Itzehoe SchlHA 87, 188) war der angefochtene Widerrufsbeschluß des Amtsgerichts Starnberg aufzuheben, da die nach § 453 Abs 1 S. 3 StPO dem Bewährungswiderruf wegen Auflagenverstoßes notwendigerweise vorausgehende mündliche Anhörung hier unterblieben ist.
Dem Verurteilten wurde zwar rechtliches Gehör zum beabsichtigten Bewährungswiderruf gegeben, dies aber lediglich mit Schreiben des Amtsgerichts Starnberg vom 24.9.92 wie folgt: " Es wird Ihnen Gelegenheit zur Stellungnahme gegeben. Frist 1 Woche." - Dies reicht nicht aus (vgl. Kleinknecht/Meyer, StPO, 40. Auflage, § 453, Rdnr. 7) .
Im übrigen ist weder aus dem Widerrufsbeschluß vom 19.3.1993 noch sonst aus den Akten erkennbar, daß das Amtsgericht Starnberg sich der Möglichkeit bewußt war, eine mündliche Anhörung vorzunehmen, so daß auch aus diesem Grund der Widerrufsbeschluß aufzuheben war (vgl. Kleinknecht/Meyer, a.a.O, Rdnr. 15) .

III.

Kosten: §§ 467, 473 Abs. 3 StPO.

Für den Gleichlaut der Ausfertigung mit der Urschrift
01.OKT.
als Urkundsbeamter der Geschäftsstelle

Jede Vorsprache bei Fürsorgestellen und Arbeitsämtern ohne diesen Schein ist zwecklos

Justizvollzugsanstalt
Landsberg am Lech

Tag
01.10.93

Buchnummer
368/93-2

Einweisungsbehörde – Geschäftsnummer:

Entlassungsschein

Familienname (ggf. auch Geburtsname) – Vornamen
SUDHOLT Dr., Gert

Geburtstag – Geburtsort – Kreis
06.03.43 München

Beruf
Historiker

Wohnort/letzter Aufenthaltsort

Haftdauer von/bis — Entlassungsgrund (z. B. Strafende, Aufhebung des Haftbefehls) — Personalausweis vorhanden (ja/nein)
14.07.93 - 01.10.93 Entlassung auf Anordnung d. StA (Wiedereinsetzung in vorigen Stand)

Auflagen und Bedingungen (ggf. Name und Anschrift des Bewährungshelfers)

Teilnahme an berufsfördernden Maßnahmen während der Haft (Art und Dauer)

1. Entlassen nach (Ort, Straße): 82340 Feldafing, Heimgartenstr. 4

2. Unterkunft – nach seiner Angabe – durch Vermittlung der Anstalt – bei:

3. Arbeit – angebahnt – vorhanden – nach seiner Angabe – durch Vermittlung der Anstalt – bei:

4. Eigene Kleidung a) Umfang: ausreichend

b) Zustand: in Ordnung

5. Bei der Entlassung sind folgende Bekleidungsstücke gegeben worden:

6. – Gutschein für – Fahrkarte nach ____ wurde – nicht – ausgehändigt.

7 bei der Entlassung erhalten:

a) Vorhandenes Guthaben davon Überbrückungsgeld bzw. als solches zu behandeln 505,08 DM (besonderer Pfändungsschutz: vgl. §51 Abs. 4 und 5 StVollzG)	505,08 DM
b) Beihilfe zu den Reisekosten (besonderer Pfändungsschutz: vgl. §75 Abs. 3 Satz 1 StVollzG)	DM
c) Überbrückungsbeihilfe (besonderer Pfändungsschutz: vgl. §75 Abs. 3 Satz 2 StVollzG)	DM
Summe	
Abzüge für Fahrkarte/Kleidung	DM
Summe	
Davon überwiesen an	DM
In bar wurden ausgezahlt	505,08 DM

Nachträgliche Fürsorgemaßnahmen und Zuwendungen bitte auf der Rückseite vermerken

(Siegel)

Der Anstaltsleiter
i. A.

(Unterschrift/Amtsbezeichnung)

VG 44: Entlassungsschein – Nr. 54 VGO – gen. 10. 1990 –
Arbeitsverwaltung Straubing

Der Spöttinger Friedhof, wie ich ihn nicht sah.